Theologische Studien

Neue Folge

T V Z

Theologische Studien

Neue Folge

herausgegeben von
Thomas Schlag, Reiner Anselm,
Jörg Frey, Philipp Stoellger

Die Theologischen Studien, Neue Folge, stellen aktuelle öffentlichkeits- und gesellschaftsrelevante Themen auf dem Stand der gegenwärtigen theologischen Fachdebatte profiliert dar. Dazu nehmen führende Vertreterinnen und Vertreter der unterschiedlichen Disziplinen – von der Exegese über die Kirchengeschichte bis hin zu Systematischer und Praktischer Theologie – die Erkenntnisse ihrer Disziplin auf und beziehen sie auf eine spezifische, gegenwartsbezogene Fragestellung. Ziel ist es, einer theologisch interessierten Leserschaft auf anspruchsvollem und zugleich verständlichem Niveau den Beitrag aktueller Fachwissenschaft zur theologischen Gegenwartsdeutung vor Augen zu führen.

Theologische Studien

NF 11 – 2015

Ralph Kunz

———

Aufbau der Gemeinde im Umbau der Kirche

T V Z
Theologischer Verlag Zürich

Gedruckt mit freundlicher Unterstützung der Evangelisch-reformierten Kirche des Kantons Zürich.

Bibliografische Informationen der Deutschen Nationalbibliothek

Die Deutsche Nationalbibliothek verzeichnet diese Publikation in der Deutschen Nationalbibliografie; detaillierte bibliografische Daten sind im Internet über http://dnb.d-nb.de abrufbar.

Umschlaggestaltung: Simone Ackermann, Zürich

Druck: ROSCH-BUCH GmbH, Schesslitz

ISBN 978-3-290-17812-3

© 2015 Theologischer Verlag Zürich

www.tvz-verlag.ch

Inhaltsverzeichnis

Teil der einen, heiligen, katholischen und apostolischen Kirche?!

Es ist bald ein halbes Jahrtausend her, dass die reformierten Kirchen gegründet worden sind. Was natürlich falsch ist. Nicht die «Gründung», aber der Satz. Denn: Nicht gegründet werden sollte eine Kirche, sondern die katholische Kirche sollte reformiert werden. Geworden ist daraus im Laufe der Jahrhunderte eine neue Kirche. Die neue Kirche ist heute ebenfalls eine alte, und ihrerseits seit langem nicht mehr reformiert worden. So sind diese «reformierten» Kirchen ihrem eigenen Anspruch nicht wirklich gerecht geworden und haben dazu noch ihre Katholizität verloren. Heute sind sie strukturell unorthodoxe autokephale Provinzkirchen mit vielen lokalen Patriarchen und Päpstinnen.

Stimmt natürlich auch nicht ganz: Seit einiger Zeit lösen sich diese reformierten Kirchen in der Schweiz aus ihrer kantonalen Umklammerung, auf unterschiedliche Weise und in unterschiedlicher Geschwindigkeit. Gemeinsam wird ihnen, dass sie ihr Bestehen aus eigener Begründung und Kraft gewährleisten müssen, und dazu die politischen Rahmenbedingen nicht mehr konstitutiv bemühen können. Manche Kirchen verzichten bereits auf den *genitivus localis* in ihrer Bezeichnung.

Dabei tragen sie einige historische Lasten, Verpflichtungen mit sich, wie zum Beispiel viele alte Kirchengebäude unter Denkmalschutz. Es ist eine Herausforderung, wie aus diesen Lasten Schätze werden können, wozu sie das Potenzial haben. Weiter haben die reformierten Kirchen die Bekenntnisfreiheit eingeführt, womit sie sich aber definitiv von allen anderen Kirchen in der Welt zum Sonderfall entwickelt haben. Das Verständnis der Bibel als Wort Gottes, auf dem die reformierten Kirchen sich jenseits von Bekenntnissen und Hierarchien gründen, ist derart vielfältig geworden, dass sich fragen lässt, was denn diese Kirchen noch verbindet und deren Mitglieder noch eint. Und zwar als positive Bestimmung, nicht bloss als Abgrenzung, eben nicht römisch, bekenntnisgebunden oder sonst was nicht zu sein. Auch haben diese Kirchen seit mehr als einem halben Jahrhundert die Frauenordination eingeführt, was sie ebenfalls vom grossen Rest der Christenheit unterscheidet und innerhalb der Weltreligionen zum Spezialfall macht. Das ist natürlich sehr zu begrüssen, und doch muss festgestellt werden, dass dieser reformatorische Impuls nur in den eigenen Kirchen wirksam geworden ist und jedenfalls noch nicht zu einer Reformation anderer Religionsgemeinschaften geführt hat. Und ob die reformatorischen Kirchen angesichts der tiefgreifenden demographischen Veränderungen in ihren historischen Stammgebieten diese

Errungenschaft in die Zukunft führen können, ist eine offene Frage. Es ist damit tatsächlich eine noch zu beweisende Behauptung, dass die «Gründung» der reformierten Kirchen richtig war.

Darf der Präsident einer solchen Kirche, noch dazu wohl der ältesten, solche kritischen Gedanken äussern? Einerseits nicht, denn er muss ja seine Mitarbeitenden ermutigen und zuversichtlich in die Zukunft begleiten. Andererseits unbedingt, denn es macht ja gerade das Wesen dieser reformierten Kirchen aus, dass es in ihnen keine Denkverbote gibt, und erst recht, dass sie das Kirchesein nicht von einer sichtbaren Struktur abhängig machen. Strukturen können reformiert werden (auch wenn das nur sehr schwierig zu bewerkstelligen ist), die Kirche aber wird bleiben. Gerade indem solche kritischen Fragen gestellt werden, sollen alle ermutigt werden, sich den Herausforderungen zu stellen. Und diese Herausforderungen bestehen darin, wie es die Zürcher Kirchenordnung in Artikel 3, Absatz 2 bekennt, zu leben und zu gestalten, dass die Landeskirche «im Sinne des altchristlichen Glaubensbekenntnisses Teil der einen, heiligen, katholischen und apostolischen Kirche» ist.

Das vorliegende Buch macht ebenfalls Mut, indem es geschichtliche (Irr-)Wege aufweist, Begriffe klärt und Möglichkeiten aufzeigt. Es will theologische Grundlagen und Thesen bereitstellen für die Diskussion. Solange diese Diskussion in unseren Kirchen lebt, solange leben sie und lassen sich Zukunftsperspektiven schenken. Hoffentlich so, dass, wie es die Zürcher Kirchenordnung in Artikel 86, Absatz 1 sagt: «Gemeinde gebaut wird durch Gottes Geist, wo Menschen im Glauben gestärkt werden, neue Lebenskraft, Orientierung und Hoffnung finden und ihren Glauben in der Gemeinschaft leben können». Der Geist möge wirken in diesen Diskussionen und den Blick weiten, von der konkreten Gemeinde auf die gesamte Kirche.

Pfr. Michel Müller
Kirchenratspräsident der
Evangelisch-reformierten Landeskirche
des Kantons Zürich

«Wenn ihr einander aber beissen und fressen wollt,
dann seht zu, dass ihr euch nicht gegenseitig verschlingt!»
Gal 5,15

1 Eröffnung

1.1 Was auf dem Spiel steht

1.1.1 Der Kontext

Dieses Büchlein ist eine Frucht meiner wissenschaftlichen Beschäftigung mit dem Thema Kirche. Es erscheint in der Reihe «Theologische Studien». Eigentlich ist es eher eine *Vorstudie*. Meine Überlegungen kreisen um die Frage, wie wir Gemeinde theologisch verstehen können. Es handelt sich um Gedankenskizzen, die gerade so weit ausgearbeitet sind, dass die Konturen erkennbar werden, um die es mir geht. Skizzenartig in der Weise, dass ich mich frage, ob die Art und Weise, wie wir heute Gemeinde leben, Zukunft hat, und ich über neue Möglichkeiten nachdenken möchte. Was ich geschrieben habe, ist darum auch Zeugnis und nicht nur akademisches Erzeugnis. Zum Zeugnis passt die Ich-Form. Wenn ich dann und wann «wir» sage, richte ich mich als ein Christenmensch, der sich «seine» Gedanken über «unsere» Kirche macht, zu anderen Christenmenschen, die sich «ihre» Gedanken über «unsere» Kirche machen. Ich rechne damit, dass einige mit mir einverstanden sein werden und andere nicht. Der Meinungspluralismus gehört gewissermassen zum Programm. Wir streiten miteinander! Dagegen ist nichts einzuwenden, solange wir den Rat des Apostels beherzigen, der da heisst: «Wenn ihr einander aber beissen und fressen wollt, dann seht zu, dass ihr euch nicht gegenseitig verschlingt!» (Gal 5,15)

Ein wenig Biss hat der Theologie noch nie geschadet. Wenn wir Evangelischen uns aber gegenseitig zerfleischen, ist das ein gefundenes Fressen für die Verächter des Glaubens. Ich rede also zu solchen, die mit «Ernst Christen sein wollen»,[1] aber dabei nicht so bitterernst werden, dass sie jede Beisshemmung verlieren. Mit ihnen suche ich die Auseinandersetzung, also auch mit

---

[1] Die Formel «die mit Ernst Christen sein wollen» stammt von Martin Luther. Er verwendet sie in seiner Vorrede zur Deutschen Messe (WA 19, 75,5) und meint damit solche, «die das Evangelium mit Taten und Worten bekennen, sich mit Namen eintragen und irgendwo in einem Haus versammeln, um zu beten, zu lesen, zu taufen, das Abendmahl zu empfangen und andere christliche Werke zu tun» (a. a. O., 75,5–8).

Ihnen, wenn Sie sich fragen, wie es mit unserer Landeskirche weitergehen soll.

Das schliesst das Bekenntnis mit ein, dass wir zusammenbleiben wollen. Denn – Hand aufs Herz und Herz auf die Zunge! – mit dieser letzten Alternative, mit diesem Streichholz an der Lunte, haben die ernsthaften Christen unter den Reformierten im Laufe ihrer Geschichte immer wieder gespielt. «Wenn es so weitergeht, treten wir aus!» Dummerweise spielen auch die anderen mit diesem Gedanken. Wer sind sie? Wenn ich sie als *andere* bezeichne, gerate ich in gefährliche Wasser. Sind es die «distanzierten Mitglieder» oder die bislang treuen «Steuerzahler»? Sind es die nominellen oder traditionellen Christen, die dazugehören, aber nicht mitmachen?[2] Jedenfalls sind sie, wer immer sie sind, Mehrheit(en) und viele fragen sich ernsthaft, ob es nicht Zeit sei, die Kirche zu verlassen. Was muss man tun, damit sie bleiben? Was sollte man besser (nicht) tun, damit sie nicht gehen? Wer ist «wir» und wer sind «sie» und wer ist die Kirche, wenn sie Kirche für alle ist?

Es ist damit zu rechnen, dass die Kirche, um die Einen zu behalten, die Anderen vergraulen muss, und umgekehrt. Wenn sie aber weder das Eine tut noch das Andere sein lässt, verliert sie an beiden Enden. Ich bin nicht der Einzige, der eine solche Durchschnittslähmung befürchtet. In jüngster Zeit ist eine wahre Springflut an Kirchenschriften erschienen oder im Erscheinen begriffen, die entweder vor dem Gang in die eine oder dem Sog in die andere Richtung oder der Stagnation warnen. Zu nennen sind einerseits gewichtige Standardwerke, die umfassend über Kirche und Gemeinde informieren.[3] Zu nennen sind andererseits aber auch kleinere Schriften, die das Problem aus einer bestimmten Warte aufgreifen und pointiert Stellung beziehen.[4] Mein Büchlein ist vom Genre her eher der zweiten Kategorie zuzuordnen. Ich sage etwas über das *Eine*, das nottut (Lk 10,42) und lasse Anderes auf der Seite.

1.1.2 Der Anlass

Diese Studie hat nebst diesem grösseren Kontext auch einen aktuellen Anlass und ist insofern eine Gelegenheitsschrift. Der etwas ominöse Name «Kirch-GemeindePlus» steht für ein ambitioniertes Umbauprogramm, das der Kirchenrat der Evangelisch-reformierten Landeskirche des Kantons Zürich im

---

[2] Zur Problematik religionssoziologischer Bezeichnungen siehe unten 3.7.
[3] Pars pro toto verweise ich auf den Band von Eberhard Hauschildt/Uta Pohl-Patalong, Kirche (Lehrbuch Praktische Theologie, Bd. 4), Gütersloh 2013.
[4] Zum Beispiel Lukas Kundert, Die evangelisch-reformierte Kirche. Grundlagen für eine Schweizer Ekklesiologie, Zürich 2014; Paul Bernhard Rothen, Auf Sand gebaut. Warum die evangelischen Kirchen zerfallen, Berlin/Wien/Zürich 2014.

Herbst 2012 zum ersten Mal öffentlich kommunizierte und im Frühling 2013 mit einer Serie von Konferenzen startete.

Die Kirchenleitung sagt, wie es weitergehen soll. Es geht darum, grössere Gemeindeeinheiten zu schaffen. Wenn dieser Prozess dorthin führt, wohin er nach dem Bericht des Kirchenrats führen soll, resultiert daraus der grösste Umbau der Zürcher Landeskirche in ihrer 500-jährigen Geschichte. Die vorgesehene Reduktion der Kirchgemeinden würde ihre Struktur radikal verändern. Selbst wenn es am Ende ganz anders kommt, ist die epochale Dimension des Vorhabens eindrücklich: beängstigend, aber auch faszinierend.

Wie auch immer man zu diesem Vorhaben steht: Die Grösse des Projekts fordert heraus, über die Grundlagen der Kirche nachzudenken – nicht nur in Zürich und nicht einsam in der Studierstube, sondern gemeinsam im Gespräch. Denn grosse Reorganisationsprojekte müssen von den hauptamtlichen und ehrenamtlichen Mitarbeitenden und letztlich allen Mitgliedern der Kirche mitgetragen werden. Dasselbe gilt für ein zweites aktuelles Reformprojekt, das schon weiter fortgeschritten ist. Die Stimmbürger der Stadt Zürich haben in einer Abstimmung im September 2014 entschieden, 34 kleinere und mittelgrosse reformierte Kirchgemeinden zu einer grossen Kirchgemeinde zusammenzulegen. Wie die neue Ordnung aussehen wird und welche Gemeinden unter dem Dach der grossen Kirchgemeinde *bestehen* oder neu *entstehen*, ist noch offen. Klar ist, dass sich die gottesdienstlichen Versammlungen, die Diakonie und der Unterricht sich weiterhin auf kleinere Einheiten verteilen, diese aber nach erfolgtem Umbau nicht mehr länger den rechtlichen Status von Kirchgemeinden haben werden. Was sind sie dann? Werden sie territorial definiert? Was unterscheidet sie von den «alten» Parochien? Ein hoch diffiziler kybernetischer Prozess ist im Gang. Die Herausforderung besteht darin, neue Strukturen einzurichten, die theologisch so solide und rechtlich so verlässlich sind, dass sie Raum für neues Gemeindeleben eröffnen.

1.1.3 Das Ziel

Eines ist gewiss: Wenn die Neuerung lediglich darin bestünde, dass die Gemeinden auf dem Land grösser werden und die neuen Einheiten in der Stadt weniger Rechte und Pflichten als die «alten Gemeinden» haben, müsste man ehrlicherweise von einer *Reorganisation* der Kirche sprechen und das Anliegen einer *Reform* als gescheitert betrachten. Reorganisiert wird früher oder später auf jeden Fall. Dafür sorgt der Veränderungsdruck.[5] Der Versuch, den

---

5 Vgl. dazu Wolfgang Ratzmann/Jürgen Ziemer (Hg.), Kirche unter Veränderungsdruck. Wahrnehmungen und Perspektiven, Leipzig 2000.

Umbau für Neuerungen zu nutzen, könnte aber ins Leere laufen. Nur, wie bestimmt man, was eine echte Reform und was nur Reorganisation ist? Wer befindet darüber? Und worauf ist bei Reorganisations- und Restrukturierungsmassnahmen zu achten, damit sich wirklich etwas tief greifend zum Besseren ändert?

Dazu etwas zu sagen, ist mein Ziel und ich definiere, was ich unter *Reform* verstehe, wie folgt: *Reform ist ein Umbau der Kirche, der sich am Aufbau der Gemeinde orientiert.*[6] Natürlich stellt sich die Frage, *wie* man das am besten anpackt. Es ist aber nicht Sinn und Zweck dieser Studie, der Kirchenleitung gute Ratschläge zu erteilen. Meine Absicht ist es, den Umbauprozess praktisch-theologisch zu begleiten, und beharrlich nachzufragen, wohin die Reise gehen soll: Welche Gemeinde(n) wollen wir aufbauen? Es geht mir darum, Impulse für dieses Gespräch zu geben.

Wenn wir es jetzt nicht tun, wann dann? Wer fragt, wie es weitergehen soll, wird auf beides achten, Gefahren und Chancen, die der Rahmen der Kirchenreorganisation für die Gemeindereform bieten. Es steht viel auf dem Spiel. Auf einen kurzen dreifachen Nenner gebracht:

– Es ergibt keinen Sinn, die Augen davor zu verschliessen, dass der Umbau einen Rückbau der bestehenden Kirche und einen Abbau ihrer Dienste bedeutet. Alles andere wäre blauäugig.
– Wir hätten dann Grund, schwarzzusehen, wenn wir auf die Herausforderung des Rückbaus nur mit einer Reduit-Strategie zu antworten wüssten. Denn wo nur abgebaut und nichts aufgebaut wird, droht Lethargie und Depression.
– Mit Blick auf die Gemeindepraxis in der Volkskirche heisst darum die Losung: Die fetten Jahre sind vorbei. Jetzt kommen die mageren. Es ist höchste Zeit, neue Vorstellungen des Gemeindeaufbaus zu entwickeln, damit wir nicht aus Konfliktscheu der Logik linearer Budgetkürzungen folgen.

1.2 Erwartungen an die Kirche oder: Was in dieser Skizze [nicht] zur Sprache kommt

Mein Fokus ist der Gemeindeaufbau. Das heisst nicht, dass es keine anderen Baustellen gäbe, die mit Blick aufs Ganze der Kirche auch zur Debatte stünden. Wenn ich auf das Werden der Gemeinde fokussiere, blende ich wichtige Themen der Kirchenreform aus.

---

[6] Vgl. dazu auch Annegret Freund (Hg.), Kirche im Umbau. Aspekte von Gemeindeentwicklung, Hannover 2008.

– Es ist unbestritten, dass die Kirche als öffentlich-rechtlich anerkannte Institution verantwortlich mit den Steuergeldern umgehen muss. Sie soll als verlässlicher Partner des Staates weiterhin dort ihre Dienste anbieten, wo sie gefragt ist. Ich denke u. a. an *Diakonie* und die *Seelsorge* in Spitälern, Heimen und Gefängnissen.[7]

– Es ist unbestritten, dass die Kirche einen *Kulturauftrag* wahrzunehmen hat und beispielsweise das Symbolkapital der Kirchengebäude pflegen soll – mitsamt Gottesdiensten, Orgelmusik und geistlichen Konzerten.[8]

– Es ist unbestritten, dass nicht alle Mitglieder der Organisation eine Neigung zum Gemeinschaftschristentum haben. Es ist darum wichtig und richtig, wenn die Kirche den Erwartungen und Bedürfnissen ihrer zahlenden Mitglieder bei den *Kasualien* entgegenkommt und ihre Mehrheit nicht desavouiert.[9]

– Es ist unbestritten, dass die Kirche als öffentliche Kirche einen *Bildungsauftrag* wahrzunehmen hat, der möglichst weit gefasst werden muss und nicht der religiösen Sozialisation, der Werbung oder der Evangelisation zugerechnet werden kann.[10]

Die Auflistung ist unvollständig. Man könnte weitere Traktanden auf der kirchlichen Agenda nennen: beispielsweise das umwelt-, asyl-, friedens- und sozialpolitisches Engagement der Kirche oder im diakonischen Bereich die Altersarbeit und die Freiwilligenrekrutierung. Vieles ist wichtig und es wird erwartet, dass die Kirche in diesen Bereichen das Ihre tut. Denn die Öffentlichkeit und Sichtbarkeit der Kirche, die ihr als Grossorganisation und Institution zweifellos zukommt, hängt eben auch davon ab, wie sie diesen vielen Erwartungen gerecht wird.

Was man neudeutsch *visibility* nennt, also die Leistungsbilanz, die Reputation, die Performance oder das Image der Organisation, ist aber nicht mein Thema. Diese Dimension der Sichtbarkeit der öffentlichen Kirche kommt im Folgenden nicht oder nur indirekt zur Sprache, weil ich dann vom Hundertsten ins Tausendste käme. Mich interessiert die *gelebte Gemeinde*. Sie ist in gewisser Hinsicht unscheinbar und wird deswegen auch gerügt. Von «leeren

---

7   Vgl. dazu Heinz Rüegger/Christoph Sigrist, Diakonie – eine Einführung. Zur theologischen Begründung helfenden Handelns, Zürich 2012.

8   Dass dieses Symbolkapital auch diakonisch genutzt werden soll, ist die Hauptthese von Christoph Sigrist, Kirchen Diakonie Raum. Untersuchungen zu einer diakonischen Nutzung von Kirchenräumen, Zürich 2014.

9   Vgl. dazu Kristian Fechtner, Späte Zeit der Volkskirche. Praktisch-theologische Erkundungen, Stuttgart 2010.

10 Vgl. dazu Thomas Schlag, Öffentliche Kirche. Grunddimensionen einer praktisch-theologischen Kirchentheorie (Theologische Studien 5), Zürich 2012.

Bänken» ist die Rede – ein Mantra, das jeder in kirchlichen Dingen halbwegs ungebildete Journalist bei jeder sich bietenden Möglichkeit als überraschendes Faktum zum Besten gibt. Diese – ungewollte – Sichtbarkeit, ist ein Teil des Problems, aber sie ist gleichwohl essenziell. Ich konzentriere mich auf Gemeinde als *primäre Form von Kirche*, weil sie das Realsymbol und die soziale Gestalt ist für «das Eine, das nottut».

Die Formel geht auf ein Jesuswort (Lk 10,42) zurück. Jesus lobt Maria gegenüber Marta. Maria, die zu Füssen des Meisters sitzt und auf seine Worte hört, habe das bessere Teil gewählt. Ich komme in meinen Überlegungen da und dort auf diese Stelle zurück. Das Eine, das nottut, taucht als Kürzel auch in der Kirchengeschichte auf. So titelte Jan Amos Comenius, der grosse Pädagoge und Theologe der böhmischen Brüder, seine letzte Schrift von 1668 «Unum necessarium».[11] Auch der dänische Philosoph Søren Kierkegaard greift die Formel in seinen Schriften auf.[12] Er meint damit das Eigene, Eigentliche und Konkrete des Glaubens, das er kritisch von Scheinreligiosität und Scheinheiligkeit unterscheidet.[13]

Natürlich ist die Entscheidung für das Eine, das nottut, wenn es doch hundert andere Dinge zu tun gäbe, erläuterungs- und begründungsbedürftig. Ich glaube, der Aufwand lohnt sich. Es kommt am Ende mehr heraus, wenn man sich von Anfang an auf das Eine konzentriert. Ich beziehe mich dafür zunächst auf den Titel des erwähnten Projekts «KirchGemeindePlus» und nehme es beim Wort.

1.3 Das Plus als Ereignis

1.3.1 Leben ereignet sich

Wie kommen wir zum Plus? Wo und wie kommt es zum Vorschein? Ich meine, dass sich der erhoffte Gewinn einer Reorganisation der Kirche als Wachstum im Bereich des Gemeindelebens zeigen müsste. Zumindest interpretiere ich das Plus so.

---

[11] Jan Amos Comenius, Unum necessarium, scire quid sibi sit necessarium in vita et morte et post mortem, Amsterdam 1668; nun in: Dílo Jana Amose Komenského (Opera omnia), Bd. 18, Prag 1975, 69–145.

[12] Vgl. dazu Søren Kierkegaard, Die Unzulänglichkeit des Nur-Menschlichen, in: ders., Religion der Tat. Sein Werk in Auswahl, Hamburg 2013, 1–90, bes. 9.

[13] Bei Karl Barth wird – in Aufnahme Kierkegaards – die Frage nach dem «Jenseits unserer Existenz» zur wahren Not des Menschen. Vgl. Karl Barth, Das Wort Gottes als Aufgabe der Theologie, in: Jürgen Moltmann, Die Anfänge der Dialektischen Theologie, Teil 1: Karl Barth, München 1966, 197–216, 204.

Eine solche Interpretation bringt die Verlegenheit mit sich, dass Leben nur bedingt beobachtbar ist, weil jeder Verweis auf Lebendiges zu spät oder zu früh kommt.[14] Wie soll man eine Steigerung der Qualität des Gemeindelebens sachgemäss beschreiben? Das geht doch nur so, dass Menschen bezeugen, warum sie dabei sind, was sie davon haben und was sie dafür geben, (immer) noch oder (wieder) neu zur Gemeinde zu gehören. Das für den Glauben Entscheidende und Wichtige ist *gegenwärtig*. Das heisst, während es sich für den Beteiligten ereignet, entzieht es sich dem Beobachter. Ist das Plus der lebendigen Gemeinde unsichtbar?

Nein, es ereignet sich. Ereignen meint das Gegenteil von entschwinden. Der Wortstamm lässt sich auf er-*äugnen* zurückführen: das, was sich ereignet, steht vor Augen.[15] Es wird Zeichen und ist denen sichtbar geworden, die wissen, wie sie die Zeichen deuten müssen. Leben ereignet sich. Und das zu fördern, muss doch das Ziel des Umbaus sein! Dass Kirche sichtbarer und lesbarer wird. Dass das Zeugnis für das Lebensförderliche stärker wird. Denn das Zeichen- und Zeugnishafte verweist auf etwas, in dessen Gegenwart nicht *gezählt* und gemessen wird, aber ein Mehrwert zur Sprache kommt, von dem *erzählt* werden kann.

1.3.2 Das Präfix «er-»

Die Beachtung der nicht beobachtbaren, aber in der Beteiligung erlebbaren Qualität der Gemeinde ist hermeneutisch bedeutsam und theologisch relevant. Das bringt mich zur methodischen Entscheidung, die den Aufbau der Studie strukturiert. Ich will auf die merkwürdige Eigenheit der deutschen Sprache achtgeben, die sich am Ereignis ablesen lässt. Mittels einer kleinen Umstellung der Vorsilben lassen sich nämlich Bedeutungsnuancen ausdrücken. Mit dem Anfügen von «ver-», «be-», «unter-» und anderen Präfixen verändern wir die Bedeutung des Wortstamms. Die Methode der Präfigierung ist im eigentlichen Sinn des Wortes Wortbildung. Sie bildet Worte, die den Sinn ändern und einen neuen Sinn generieren.

Eines dieser Präfixe hat es mir also besonders angetan: es ist das «er-». Was können wir nicht alles sagen mit diesem «er-». Mehr als wir erfahren! Denn im «er-» steckt das Plus. Es ist, als ob die Sprache eine Möglichkeit

---

[14] Vgl. dazu: Kirche der Freiheit. Perspektiven für die Evangelische Kirche im 21. Jahrhundert. Impulspapier des Rates der EKD, Hannover 2006. Der Vorschlag, erhöhte Taufquoten und Steigerung des Gottesdienstbesuchs als objektive Kriterien des Wachstums zu nennen, gab zu Diskussionen Anlass.

[15] Vgl. dazu Martin Heidegger, Der Weg zur Sprache, in: ders., Unterwegs zur Sprache, Pfullingen 1959, 241–268, bes. 260, Anm. 1.

bereit hielte – soll ich sagen: einen Raum für eine Sichtweise erzeugt –, um über das Gesprochene hinaus auf etwas zu verweisen, das sich nicht beweisen lässt, um so – gleichsam mittels eines minimalen poetischen Eingriffs – den Erweis für den Überschuss der Phänomene zu erbringen. Das «er-» sagt: «Wart's nur ab, da kommt noch mehr!» Es verspricht etwas. Jetzt erahnen wir es nur, aber dann wird es sich ereignen und selber zur Erfahrung bringen.

Natürlich ist das -er nur tentatives Wortspiel.[16] Aber was heisst da «nur»? Wir versuchen, den Glauben sprachlich tastend zu erfassen. Man kann sich mittels der Sprache immerhin ein Plus erspielen. Natürlich kann man es auch zerreden. Nicht um Sprachbeobachtungen und -spielereien geht es mir, sondern darum festzuhalten, dass das, was sich erleben lässt, nicht erzwungen wird. In dieser Hinsicht lässt die auffällige Häufung der Wörter mit dem Präfix «er-» im religiösen Sprachspiel kritisch werden. Ich will es an der Grundmetapher des Glaubens klar machen. Es reicht nicht, dass Christus von den Toten aufgestanden ist – er ist auferstanden! Es reicht nicht, dass die tote Christenheit durch einen Bussruf geweckt wird – sie wird erweckt!

1.3.3 Das Minus der Erbauung

Kann man Glaubenserfahrung *erzeugen?* Müsste man nicht den Religiösen empfehlen, etwas weniger erhoben und erhaben zu sprechen? Sie würden dann wieder glaubwürdiger! Was wir uns erhoffen, können wir nicht erzwingen. Auch das «er-» ist für sich allein betrachtet nur eine religiöse Vorsilbe und keine evangelische Verheissung. Um Ergriffenheit zu erleben, braucht es keine Kirche. Ein Rockkonzert reicht. Von Erlebnissen haben wir nicht gelebt. Das ist ein Paradox. Wer das Plus ergründen will, muss auch das mögliche Minus bedenken.

Das ist eine richtige und wichtige Kritik. Sie macht schärfer bewusst, dass der Glaube nur *bezeugen* kann. Im Zeugnis kommen wir zur Sache, die uns angeht, und begegnen dem Du, das uns anspricht. Gott ist die Quelle des Lebens, in seinem Licht schauen wir das Licht (Ps 36,9). Mit dem Präfix «er-» drücken wir die überraschende Erfahrung aus, dass uns etwas widerfährt, eine Erfahrung wider alle Erfahrung, etwas, das wir nicht zu erklären und nicht zu beherrschen vermögen. Gerade darum können wir uns auch verfahren mit dem *Er*-fahren in der Religion. Wenn wir uns Dinge aneignen, die wir nicht erschaffen oder ergründen können, wenn durch sprachliche Konvention das

---

[16] Auf die (sprach)philosophischen Anschauungen, die hier zu erkennen sind, kann ich nicht weiter eingehen. Wenigstens erwähnen will ich die Anregung, die ich beim Germanisten Johannes Anderegg, Über Sprache des Alltags und Sprache im religiösen Vollzug, in: ZThK 95 (1998), 366–378, bes. 377f., gefunden habe.

Erhabene in einen spirituellen Sonderbezirk verwiesen wird, dann erstarrt Religiosität. Nicht zufällig haben einige er-Wörter einen intensiven religiösen Mundgeruch entwickelt. Sie riechen zu erbaulich.

1.4 Kirche erglauben oder: Wie Gemeinde entsteht

1.4.1 Erwählung

Was ist der Erkenntnisgewinn dieser sprachphilosophischen Schlaufe? In dem, was wir Kirche nennen, steckt mehr, als offensichtlich zu sehen ist. Aber das Plus im Erfahrungsüberschuss tritt dennoch *an* dem, was Kirche tut, in Erscheinung. Um es zu sehen, braucht es eine bestimmte Sicht. Glauben ist das Präfix unserer Wahrnehmung. Christian Möller drückt es prägnant aus: «Kirche ‹erglauben›, heisst, sie mit den Augen des Glaubens sehen.»[17]

Die Sicht des Glaubens ist eine Bedingung der Möglichkeit, sich dem Ereignis Kirche empirisch *und* theologisch anzunähern. Sie eröffnet einen Spielraum für das Mitwirken Gottes – nicht in einer Weise, die uns zur Verfügung stünde, sondern in einer Weise, die unseren Glauben involviert.[18] Es geht ja bei der Kirche, auch wenn wir nicht *an* die Kirche glauben, um ein Glaubensthema, weil wir *in* und *mit* ihr glauben.[19] Die Überzeugung, dass die Kirche die Gemeinschaft der Heiligen ist, kann als *Erfahrung, die sich gegen unsere gewohnten Erfahrungen einstellt*, bestimmt werden. Kirche ist der Erfahrungsraum der Gegenwart Gottes, wie sie unverwechselbar und einzigartig in Christus zu erfahren ist, auch wenn ich scheinbar nichts erlebe. Das Ungewohnte und Überraschende dieser Erfahrung ist ein Passiv, der uns als

---

[17] Christian Möller, Lehre vom Gemeindeaufbau, Bd. 2, Göttingen 1990, 261.

[18] Möller kommt (wie auch Walter Mostert und Gerhard Ebeling) auf eine gewagte Aussage von Martin Luther (WA 40 I, 360,5f) zu sprechen, der ich mich hier auch annähere: «Fides est creatrix divinitatis, non in persona, sed in nobis.» *Der Glaube erschafft das Göttliche – nicht in Person, aber in uns.* Dass der Glaube Gott «erschafft», ist metaphorisch zu verstehen. Die Metapher riskiert den Gedanken, dass der Glauben uns sehen lässt, was wir sehen wollen. Luther sichert sich ab: Der Glaube kann die Vorstellung von Gott *in uns*, aber nicht Gott als Gott erzeugen.

[19] Vgl. Henri de Lubac, Die Kirche. Eine Betrachtung, Einsiedeln 2011, 24: «Indem wir sagen ‹ich glaube die heilige katholische Kirche›, verkünden wir unsern Glauben nicht ‹an die Kirche›, sondern daran, ‹dass Kirche ist›.» Dass im Glaubensbekenntnis von Nizäa-Konstantinopel die Präposition «an» im Artikel über die Kirche begegnet, widerspricht nach De Lubac dem oben formulierten Grundsatz nicht: «Die Variante hat [...] nur literarische, nicht dogmatische Bedeutung; die Kirche wird dadurch nicht von den folgenden Artikeln unterschieden [...]. In diesen Fällen hat also die Präposition die Kraft verloren, die ihr bei ihrer ausschliesslichen Beziehung auf Gott zukommt.» (a. a. O., 24, Anm. 45).

Gemeinschaft in Anspruch nimmt. Denn in der Bestimmtheit und Bedingtheit der Glaubenserfahrung begegnet uns Gott nicht als ein Gegenüber, das wir bestimmen, sondern Gott ist es, der sich uns durch Christus als ein bestimmtes Du im «Wir» der Gemeinde vergegenwärtigt. In dieser Weise – als Leib – erweist sich Gott als Gott *für uns.*

Das Plus, das eine Reorganisation verspricht, verwechseln wir besser nicht mit der Verheissung von *Gottes Gegenwart.*[20] Aber es soll den Horizont unseres Handelns bestimmen. Es ist das, was wir uns erhoffen.

1.4.2 Reformierte Lektüre

Das alles ist weder neu noch ist es ausgesprochen reformiert. Gleichwohl kann auf reformierte Leseerfahrungen bei der Lektüre der biblischen Quellen und ihrer Auslegung verwiesen werden. Es sind ja auch diese besonderen Betonungen der Kirche in unserer Tradition, die mich interessieren, wenn ich frage, wie es mit dieser – unserer – Kirche weitergehen soll. Wichtig ist mir dabei eine zentrale Einsicht der Reformation: Was sich im Umfeld von Jesus ereignet hat und im Kraftraum des auferstandenen Christus immer wieder neu erfahren lässt, ist weder rechtlich noch sozial, ja nicht einmal religiös festgelegt. Aber es gibt ein Prinzip, das die evangelische Gemeinde begleitet und das sie hochhält: Er ist das Haupt und wir sind die Glieder. Denn nicht wir haben die Kirche erschaffen, sein Wort hat uns zur Kirche gerufen. Das meint ja das griechische Wort *kyriakos*: Es heisst dem Herrn zugehörig sein.[21] Davon leitet sich das deutsche Kunstwort «Kirche» ab. Im Neuen Testament taucht der Begriff bezeichnenderweise im Zusammenhang mit dem Abendmahl, das nach Paulus Herrenmahl heisst, auf. Und das wiederum ist im Zusammenhang mit der Leitmetapher für die Kirche zu sehen: dem Leib Christi. Deshalb betont das reformierte Bekenntnis:[22] Er ist das Haupt ist und wir sind die Glieder (Eph 4,12–16) und darum soll es nach protestantischer Überzeugung aus Prinzip keine hierarchisch gestufte Amtskirche geben.[23]

Ist das nun eine konfessionelle Eigentümlichkeit? Nein, es ist zutiefst katholisch und apostolisch! Das Haupt-Prinzip entspringt dem theologischen

---

[20] Vgl. dazu Dirk Kellner, Charisma als Grundbegriff der Praktischen Theologie: Die Bedeutung der Charismenlehre für die Pastoraltheologie und die Lehre vom Gemeindeaufbau, Zürich 2011, 402–404.

[21] Vgl. dazu Walter Mostert, Jesus Christus – Anfänger und Vollender der Kirche. Eine evangelische Kirchenlehre, Zürich 2006, 61f.

[22] Vgl. Heinrich Bullinger, Zweites Helvetisches Bekenntnis, hg. von Walter Hildebrandt und Rudolf Zimmermann, Zürich 1966, 80 (Kap. 17).

[23] Mostert, Jesus Christus, 56.

Motiv, dass die Kirche vom Geist regiert wird – was nicht mit einem Egalitarismus verwechselt werden sollte, der keine Leitung ausser der Mehrheit anerkennt und am Ende wieder zur Durchschnittslähmung führen muss. Schliesslich gibt ja auch eine protestantische Skepsis gegenüber Vereinheitlichung und Gleichmacherei, die dem Prophetischen den Garaus macht! Das Haupt-Prinzip dient der Erhaltung des Eigenen, Eigentlichen und Konkreten des Glaubens. Das Eine, das nottut, ist eine Ein*sicht*, die nun aber weiter entfaltet werden muss, weil sie nach einer zeitgemässen und kontextsensiblen Auslegung verlangt.

1.4.3 Zum Aufbau der Studie

Dieser Spur folgend, gliedert sich das Folgende in einem Fünfschritt. Nach der *Eröffnung* (1) kommt die *Erschliessung* des Kontextes (2). Ich führe darin aus, welche Herausforderungen der im Gang befindliche Umbau der Kirche bereithält und wieso ich den Aufbau der Gemeinde zum Leitziel der Reform erkläre. Im Kapitel *Erkundungen* (3) vertiefe und differenziere ich die reformierte Lektüre der evangelischen Kirchenlehre und befrage die Lehrer der von mir so benannten «Zürcher Schule». Die Lehren, die daraus gezogen werden, leiten zu einer Neuformulierung der Grundlagen des Gemeindeaufbaus, die ich im Kapitel *Ermittlungen* (4) entfalte. Den Abschluss bilden *Ermutigungen* (5).[24]

---

[24] Das Schema hat gewisse Familienähnlichkeit mit dem Grundgerüst des Predigtgottesdienstes im Reformierten Gesangbuch: Sammlung, Anbetung, Verkündigung, Fürbitte und Sendung. Vgl. Gesangbuch der Evangelisch-reformierten Kirchen der deutschsprachigen Schweiz, Basel/Zürich 1998, 150.

2 Erschliessung – Gemeindeaufbau im Umbau der Kirche

2.1 Die Kirche im Umbau – ein Zürcher Schulbeispiel

2.1.1 Das Projekt

Die Ausgabe der Zeitschrift für die Mitarbeitenden der Evangelisch-reformierten Landeskirche des Kantons Zürich titelte im Februar 2013 vielversprechend und vielsagend: «Der grosse Umbau. Wie die Landeskirche die Gemeinden der Zukunft plant».[1] Gemeint ist das anfangs erwähnte Projekt «KirchGemeindePlus». Ausgangspunkt des Projekts war ein Postulat, das der Zürcher Kirchensynode im Jahr 2010 überwiesen wurde und den Kirchenrat aufforderte, einen Bericht vorzulegen. Er solle aufzeigen, wie die übergemeindliche Arbeit gefördert werden könne – notabene, um Geld einzusparen!

Der kirchenrätliche Bericht ging weit über die Forderungen des Postulats hinaus. Er plädierte für eine Reduktion der Anzahl Kirchgemeinden auf einen Drittel des bisherigen Standes und schlug Gemeindezusammenschlüsse mit der Richtgrösse von rund 5000 Mitgliedern vor. Wie dies umgesetzt werden soll, geht aus dem Bericht nicht hervor. Klar definiert ist lediglich die Fahrtrichtung: die Zusammenführung der Kirchgemeinden zu grösseren Einheiten. Ein Bericht in der Zeitschrift «Notabene» fasst die Ausgangslage gut zusammen.

> «Die Grösse einer Kirchgemeinde wird dadurch bestimmt, dass sie in der Lage ist, Raum für ein reiches und attraktives Gemeindeleben zu bieten», hält der Kirchenrat fest. Es gehe zuerst um den Inhalt und dann erst um die Form. Und hier eröffnet sich zu Beginn des Umbaus ein grosser Fragenkatalog für alle Beteiligten: Wie können wir eine lebendige, entwicklungsfähige Gemeinde sein? Welche Partnergemeinden kämen für eine Zusammenführung in den einzelnen Regionen in Frage? Was würde der Zusammenschluss für die Mitglieder bedeuten, welche Veränderungen bringt er für Mitarbeitende und freiwillige Engagierte? Was ist das Plus an Ressourcen, die man nutzbringender verteilen und einsetzen kann? Wie gelingt es als Kirche, die eine Minderheitskirche geworden ist, gesellschaft-

---

[1] Notabene 2013/1,6. Abrufbar unter: http://www.zh.ref.ch/handlungsfelder/gl/ kommunikation/ notabene/archiv/# (07.03.15).

lich bedeutsam zu bleiben? Wie schafft sie es, ihrem Anspruch zu genügen, den Menschen in ihrer Vielfalt und in ihren Lebenswelten nahe zu sein? Und welches sind die Minuspunkte, die eine Konzentration ebenfalls mit sich bringt?[2]

Der Fragenkatalog bringt die mitlaufenden Hoffnungen (und unterschwelligen Befürchtungen) des Projekts klar zum Ausdruck. Man verspricht sich vom Umbau der Kirche einen Entwicklungsschub für die Gemeinde. So lässt sich zumindest die Erwartung interpretieren, dass die grössere Kirchgemeinde «mehr Raum für ein reiches und attraktives Gemeindeleben» bieten könne. Allerdings scheint das lediglich ein «Kolletaralnutzen» der Reorganisation zu sein. Das ursprüngliche Postulat und auch der begleitende Kommentar sprechen eine andere Sprache. Der Mitgliederschwund, heisst es auf derselben Seite, *zwinge* zum Handeln. Das macht hellhörig und lässt zurückfragen, ob der Mitgliederschwund tatsächlich die Zusammenlegung von Gemeinden erzwingt. Führen sinkende Einnahmen zwangsläufig dazu, dass die Landeskirche die Planung so und nicht anders an die Hand nehmen muss? Woher stammt die Gewissheit, dass «Lebendigkeit» und «Entwicklungsfähigkeit» einer Gemeinde mit deren Mitgliederzahl korreliert?

Es geht darum, das leitende, steuernde und entwickelnde Handeln der Kirche grundsätzlich in den Blick zu nehmen. Reformprozesse, die Bestehendes umbauen und gleichzeitig zurückbauen, sind zwangsläufig spannungsvoll, weil unterschiedliche Handlungslogiken kombiniert werden: Einerseits lässt sich Zwingendes nicht vermeiden und andererseits Erwünschtes nicht erzwingen! Selbstverständlich soll man versuchen, das Nötige mit dem Nützlichen zu verbinden. Eine bekannte Devise heisst zum Beispiel «Veränderungen gestalten statt Untergang verwalten!».[3] Nur wie man das konkret zu bewerkstelligen hat, ist mit einer smarten Formel noch nicht gesagt. Es ist daher verständlich, wenn einige misstrauisch zurückfragen: Soll die Rede vom Gemeindeaufbau möglicherweise das Unangenehme – den faktischen Abbau von Stellen – schönreden? Das Misstrauen bekommt Nahrung, wenn die Notwendigkeit von Veränderungsprozessen nur mit düsteren Prognosen und die Hoffnungen nicht mit Erfahrungen begründet werden. Müsste nicht die Sorge um die Vitalität der Gemeinden der Ausgangspunkt sein? Was wäre zu ändern, wenn kein Sparzwang herrschen würde? Könnte man sich beruhigt zurücklehnen im Lehnstuhl landeskirchlicher Privilegien?

---

[2]   Ebd.
[3]   Die Formel verwendet u. a. Paul L. Zulehner, in: Herderkorrespondenz März 2004, der von einer «tiefgreifenden Umbaukrise» spricht. Sie wird auch in «KirchGemeindePlus» zitiert: vgl. http://www.kirchgemeindeplus.ch/kommunikation/untergang-verwalten-oder-uebergang-gestalten/view (07.03.2015).

24

Im Mai 2014 haben die Zürcher Stimmbürger über die Kirchensteuerinitiative abgestimmt. Der Ausgang wurde mit Spannung erwartet. Nicht nur die Kirchenleute waren vom Resultat überrascht. Ein Zeitungskommentar in der Neuen Zürcher Zeitung mahnt aber an, über dem Sieg nicht das tieferliegende Problem der Kirche zu verdrängen.

> Das Ja der Zürcherinnen und Zürcher ist eine Bestätigung für die gesellschaftliche Tätigkeit der Kirchen. Die Probleme der Kirchen sind damit aber nicht gelöst. Die Öffentlichkeit schätzt zwar kirchliche Dienstleistungen, doch immer weniger Menschen fühlen sich den Kirchen tatsächlich verbunden. Man will eine starke, sozial tätige Kirche, von den religiös-spirituellen Angeboten aber will man nichts wissen. Das Nein zur Kirchensteuerinitiative ist auch ein Ja zu einer Kirche, die für alle da ist, für die man sich aber selber nicht engagieren will. Auch wenn die Trennung von Kirche und Staat nach diesem Abstimmungsresultat nicht so bald wieder zum Thema werden dürfte: Die öffentlich anerkannten Kirchen müssen sich darüber klarwerden, welche Rolle sie in der Gesellschaft spielen wollen. Als reine Dienstleistungsbetriebe mit Besuchsdiensten für Senioren, Mittagstischen und Kirchenkonzerten können sie sich als gesellschaftliche Instanz jedenfalls auf Dauer nicht halten.[4]

Der Journalist formuliert ein Dilemma. Er konstatiert, dass das Eine, das die Lehre bekennt und benennt, nicht gefragt ist und die Kirche sich – auch und gerade mit dem Vielen, das sie tut – als gesellschaftliche Instanz nicht halten kann. Wenn die Kirche ihre Tätigkeiten auf die religiös-spirituellen Angebote konzentriert, bietet sie etwas, das scheinbar niemand will. Wenn sie weiterhin – wenn auch weniger – Vieles leistet, aber nur Wenige gewinnt, die sich engagieren, verliert sie letztlich ihre Glaubwürdigkeit als Akteur in der Zivilgesellschaft.

2.1.2 Drohende Lähmung

Zu diesem programmatischen Dilemma kommt ein kybernetisches. Es macht die Steuerung eines Umbauprojekts gewiss nicht einfacher, wenn die *Fahrtrichtung* «klar definiert» ist, aber für die Festlegung der *Entwicklungsziele* Ergebnisoffenheit versprochen wird. Das ist widersprüchlich. Aber der Widerspruch ist kaum zu vermeiden. Schliesslich kann die Landeskirche ihre Gemeinden via Finanzausgleich und andere Druckmittel allenfalls drängen oder mit Versprechungen locken, aber letztlich kann eine Kirche, die von

---

[4] Thomas Ribi, Ein klares Ja – aber zu welcher Kirche?, in: NZZ 19. Mai 2014, 21, zur Kirchensteuerinitiative.

unten nach oben gebaut ist, ihre Gemeinden nicht zwangsfusionieren. Schon die Rollenverteilung von «Kirche» und «Gemeinde» signalisiert ein Problem. Es macht, wie oben schon gesehen, wenig Sinn, Fakten und Zahlen zu ignorieren. Die Kirchenleitung hat eine Verpflichtung gegenüber den Steuerzahlerinnen und -zahlern. Sie muss den Rückbau der Infrastruktur einleiten, solange noch ein Handlungsspielraum besteht – einen Rückbau, den eine Gemeinde, die ganz bei Trost ist, nicht im vorauseilenden Gehorsam selber vollzieht. Was wäre ihr Gewinn?

Die Gemeinden warten also, bis die Kirchenleitungen etwas tut; die Kirchenleitung erwartet, dass die Gemeinden sich bewegen. Es ist das kybernetische Dilemma, das selbstredend in allen Landeskirchen in vergleichbarer Lage beobachtet werden kann, sei dies im Osten oder im Westen und selbstverständlich auch nördlich des Rheins. Bleiben wir bei unserem Schulbeispiel.

Seit der Initiierung von «KirchGemeindePlus» ist schon einiges Wasser die Limmat – via Aargau, Basel, Deutschland und Holland – hinab zur Nordsee geflossen. Und es wird noch mehr fliessen. Es haben Impulsdialoge, Regional- und Pfarrkonferenzen stattgefunden. Da und dort wird über Gemeindezusammenlegung nachgedacht[5] oder man ist, wie in der Stadt Zürich, schon ein Schritt weiter. Wieder andere Kirchgemeinden zeigen wenig Interesse, sich auf den Prozess einzulassen. Es sind also viele Akteure auf unterschiedlichen Wegen in verschiedenen Tempi unterwegs und es wäre zu früh, ein endgültiges Urteil über den Erfolg der Umbaupläne zu fällen.

2.2 Umbau als Thema der Kirchen- und Gemeindeentwicklung

2.2.1 Institution und Organisation

Die Zürcher Landeskirche ist nicht die erste und wird nicht die letzte Grosskirche sein, die ihre Versorgungsstrukturen anpassen muss. Wie sind die Erfahrungen in anderen Kirchen? Und was sagt die Forschung zum Erfolg von solchen und ähnlichen Reformen? Weil die Ausgangslage vergleichbar ist, können ähnliche Konzepte zur Anwendung kommen, aber die Übertragung der Erfahrungen vom einen auf den anderen Kontext stösst an Grenzen. Es gibt empfehlenswerte Internetportale und praktisch-theologische Fachliteratur, die Auskunft geben. Einen aktuellen Überblick über die gegenwärtige

---

[5] http://www.kirchgemeindeplus.ch/regionalkonferenzen.

Diskussion bietet das 2014 herausgekommene Handbuch für Kirchen- und Gemeindeentwicklung.[6]

Für eine Analyse der Zürcher Umbaupläne sind Eberhard Hauschildts Überlegungen zur Organisationslogik der Kirchenentwicklung besonders erhellend.[7] Seine Unterscheidung zwischen Institution und Organisation macht auf die strukturelle Komplexität von kirchlichen Umbauprozessen aufmerksam und erklärt, warum die aufgezeigten Spannungen, die in Zürich vor allem in der Verbindung mit den Entwicklungszielen ins Auge fallen, sozusagen den Normalfall darstellen.

Interessant ist die Terminologie. Wer nach «Gemeinde- und Kirchenentwicklung» fragt, meint Hauschildt, habe damit Kirche in einem spezifischen Sinne schon als *Organisation* bestimmt. Denn die Organisation ist eine soziale Erscheinung, die sich entwickeln lässt und ständig entwickelt werden muss! Versteht man Gemeinde und Kirche hingegen als gegebene Grössen, die vor allem treu zu erhalten sind, werden sie als *Institutionen* angesehen. Um nicht unversehens in eine ideologische Debatte zu geraten, bei der die Organisation für Innovation und Institution für Tradition steht, ist es gut, sich klar zu machen, was mit Institutionalisierung gemeint ist.

Der wissenschaftlich verwendete Begriff der «Institution» nimmt das Phänomen auf, versteht dabei aber den Vorgang von Institutionalisierung neuzeitlich als einen erwartbaren, gleichwohl historischen Prozess, in dem eine Institution sich faktisch entwickelt hat – ohne dass sie geplant und bewusst von Akteuren entwickelt worden sein muss. Der Prozess von Institutionalisierung ist geradezu anthropologisch unausweichlich. Denn Institutionen haben eine soziale Funktion. Sie entlasten den instinktarmen *homo sapiens* von Entscheidungen, bieten Selbstverständlichkeiten, in die sich alle Beteiligten als integriert erleben, und erweisen sich nun doch auch in den Veränderungsdynamiken der Moderne als erstaunlich stabil. So haben in der Theologie ab den 1960er Jahren denn auch diejenigen, die das Phänomen der Grosskirchen europäischen Typs beschreiben und würdigen wollten, dafür gerne auf die Institutionstheorie zurückgegriffen.[8]

---

[6] Ralph Kunz/Thomas Schlag (Hg.), Handbuch für Kirchen- und Gemeindeentwicklung, Neukirchen-Vluyn 2014.

[7] Eberhard Hauschildt, Kirche als Institution und Organisation, in: Hauschildt/Pohl-Patalong, 169–178.

[8] Siehe etwa «Kirche als Institution in der Gesellschaft» bei: Reiner Preul, Kirchentheorie. Wesen, Gestalt und Funktionen der evangelischen Kirche, Berlin 1997, 128–177.

2.2.2 Kirche als Hybrid

Hauschildt wendet sich in der Folge gegen Modelle, die Organisation als Weiterentwicklung von Institution verstehen. Er zieht es vor, das Verhältnis von Institution und Organisation im Fall der Kirche als *Hybrid* zu verstehen.[9] Im Bild gesagt: Hybride vereinigen zwei Systeme. Ein Hybridauto hat zwei Antriebssysteme: einen Benzin- und eine Gasmotor. Nimmt man Kirche als Hybrid wahr, wird die *konträre Eigenlogik* ihrer Organisations- und Institutionsmerkmale herausgearbeitet, aber nicht das Eine als schlecht und das Andere als recht bezeichnet. Wird die Organisation als moderne und die Institution als veraltetes Sozialsystem der Kirche angesehen, muss genauso mit Widerstand gerechnet werden, wie wenn das Feindbild einer kirchenfremden und institutionszerstörenden Organisationskultur gepflegt wird.

Reformvorhaben wie «KirchGemeindePlus» entwickeln eine Eigendynamik, die mit diesem durchaus spannungsvollen Modell unterschiedlicher Antriebe besser verstanden werden kann. Die Kirchenleitung übernimmt die Rolle der Organisation, die Kirchgemeinden stemmen sich gegen die Veränderungen und spielen den Part der Institution. Letzteres erklärt die Widerstände gegen Reformen, wie sie in den vergangenen Jahren über alle Kirchenlande hinweg beobachtet werden können. Hauschildt schliesst daraus, dass Organisationsentwicklung mehr ist als nur eine kleine Modifizierung des Kirchenhandelns, aber andererseits auch die Erwartungen auf Veränderung nicht zu sehr hochgeschraubt werden sollten. Das ist ein bescheidenes Fazit. Aber gerade in dieser realistischen Sicht erweist sich die Stärke der Hybridperspektive.

> Kirchen- und Gemeindeentwicklung erweist sich aus der Hybridperspektive als eine Veränderung, die nicht nur Abläufe optimiert, sondern einen Unterschied ausmacht in Bezug auf zentrale Institutionen der Kirche. Doch löscht sie, zumindest in absehbarer Zeit, den Institutionscharakter von Kirche nicht aus. Wenn Kirchentwicklung gelingen soll, muss sie sich auf eine Koexistenz von Organisationslogik und Institutionslogik einstellen. Und dies ist kein Nachteil: So sehr die beiden sozialen Logiken differieren und massgeblich an jeweils konträren Kirchenidealbildern beteiligt sind – die Kopräsenz löst in der Praxis nicht nur Debatten aus, sie schafft für die Kirche insgesamt einen Mehrwert.[10]

---

[9] Vgl. Eberhard Hauschildt/Uta Pohl-Patalong, Kirche (Lehrbuch Praktische Theologie 4), Gütersloh 2013, 138–219, bes. 216–219.

[10] A. a. O., 170. Ich bin mit Eberhard Hauschildt einverstanden – bis auf die merkwürdige Einschränkung, dass der Institutionscharakter der Kirche «zumindest in absehbarer Zeit» nicht

Den Mehrwert einer Kirchenentwicklung in Hybrid-Perspektive ist also darin zu sehen, dass lähmende Alternativen entlarvt und wenn möglich vermieden werden können. Die Chancen dazu steigen, wenn die Aushandlung von Entwicklungszielen sowohl als organisatorische wie auch als theologische Aufgabe aufgefasst wird. Man würde die Pointe dieser Sicht verwischen, wenn man sie als Plädoyer zur Vermischung der beiden «Antriebssysteme» interpretieren würde. Es geht darum, die «Synergie» der Systeme zu fördern.

Angewandt auf das erklärte Ziel der Reform in der Zürcher Kirche hiesse das: Ein mechanischer Umbau der bestehenden Parochien zu grösseren Einheiten würde in eine Sackgasse führen. Was rechtlich ohnehin nicht ginge, wäre ausserdem organisationslogisch dumm und theologisch rücksichtslos. Gemeindezusammenlegungen sollte man nicht befehlen – zumal sie im grösseren Kontext der Kirchen- und Gemeindeentwicklung nur eine von mehreren Handlungsoptionen sind. Gleichwohl ist es angesichts des zu erwartenden Mitgliederschwundes unumgänglich, grössere Verwaltungseinheiten zu schaffen. Eine sorgfältige Unterscheidung von Organisation und Institution hilft, die erhofften effizienzsteigernden Effekte von Zentralisierungs- oder Kooperationsmassnahmen auf der richtigen Ebene zu sehen. Die Unterscheidung hilft auch bei der Problemanalyse. Wenn Gemeinden fusioniert werden, kann dies zur Folge haben, dass die (neue) Organisationseinheit zwar in rechtlicher Hinsicht eine «Kirchgemeinde» bildet, aber theologisch gesehen verschiedene «Gemeinden» miteinander koexistieren müssen und kooperieren können.

Organisatorische Massnahmen sind weder per se falsch noch per se richtig noch immer erfolgreich. Dasselbe gilt für die genannte Richtgrösse von 5000 Gemeindegliedern. Sie ist ein Schätzwert und hat eine Orientierungsfunktion, wenn man das klassische parochiale Gemeindemodell in städtischen Verhältnissen vor Augen hat. Sie wird aber als relative Richtgrösse im einen Fall zu klein und im andern Fall zu gross sein. Es ist darum wichtig zu klären, welches Ziel die Organisation Kirche mit ihrer Reorganisation verbindet. Will sie das bestehende parochiale Gemeindemodell weiterführen und optimieren? Dann macht es in strategischer Hinsicht tatsächlich Sinn, von Modellgemeinden auszugehen. Ist aber das Ziel, möglichst diverse, lebendige und attraktive Gemeinden entstehen zu lassen, sind starre Zielgrössen nicht zielführend.[11]

---

ausgelöscht werde. Ich meine, wenn dieser Charakter erlischt, sei die Kirche nicht mehr Kirche.

[11] Charles Landert/Martina Brägger, Verband der stadtzürcherischen evangelisch-reformierten Kirchgemeinden («Stadtverband»). Aufnahme und Analyse des Ist-Zustandes, Zürich 2009, 114, nennt 6000 Mitglieder als Zielgrösse.

2.2.3 Konziliarität

Was aber ist lebendig? Wann ist eine Gemeinde attraktiv? Diese Fragen sind theologisch zu klären. Die Unterscheidung von Institution und Organisation und die Rede von der Kirche als einem hybriden Gebilde können zwar helfen, die Konfliktlagen der gegenwärtigen Reformprozesse besser zu verstehen. Sie ersetzen aber die theologische Arbeit nicht. Im besten Fall bescheren sie denen, die sich engagieren, ein wenig kybernetische Weisheit und Gelassenheit. Insofern gibt es zum Weg der Konsensfindung und zur breiten Vernehmlassung aller Akteure keine Alternative. Wer Ja sagt zu einer pluriformen Kirche, sagt auch Ja zu ihrer *Konziliarität*.[12] Ist das nun ein Votum für den Kompromiss? Hat am Ende die Mehrheit immer Recht?

Es macht den Anschein! Aber der Schein trügt. Das Prinzip der parlamentarischen Konsensfindung ist keine Wahrheitsgarantie. Vor Fehlentwicklungen sind auch die demokratisch verfassten Kirchen nicht gefeit. Ob die Mehrheit entscheidet oder durch die Leitung entschieden wird: Wer das Recht hat, tut nicht zwingend das Richtige. Begreift man die Kirche in der Organisationslogik, traut man ihr freilich auch zu, dass sie wie andere Organisationen aus ihren Fehlern lernen und Fehlentwicklungen korrigieren kann.[13] Die Kirche ist wie eine Firma, ein Spital oder eine Landesregierung lernende Organisation. Das wiederum schliesst eine (sachliche) Auseinandersetzung über die grundsätzliche «Fahrtrichtung» der Kirche nicht aus. Darüber, in welche Richtung es gehen soll, herrscht innerhalb der Organisation kein Konsens. Denn die Kirche ist ein Verbund und Verband von Gruppen und Parteien mit unterschiedlichen kirchenpolitischen Interessen.

Kein Konsens bedeutet nicht *Konflikt*. Ich verwende mit Bedacht den Begriff *Konziliarität*. Er entstammt der ökumenischen Theologie und meint mehr als nur Toleranz oder Konzilianz in Entscheidungsprozessen.14 Das Konzil ist die Versammlung der Christinnen und Christen, die in Liebe und gegenseitiger Achtung um die Wahrheit ringen. Ausgangspunkt und Ziel dieses Ringens ist die Einheit, die Jesus Christus gestiftet hat. Übersetzt man, was ich mit Christian Möller das «Erglauben» der Kirche nenne, auf die Organisationslogik, müsste man sagen: Gott ist *in persona* zwar kein Teil des Systems, aber lenkt, steuert und handelt *in nobis* durch seinen Geist mit denen, die den Auftrag der Leitung haben. Oder ist das nur ein frommer Wunsch?

---

12 Zum Begriff und seiner ekklesiologischen Bedeutung vgl. Ralph Kunz, Theorie des Gemeindeaufbaus. Ekklesiologische, soziologische und frömmigkeitstheoretische Aspekte, Zürich 1996, 28–30.

13 Hauschildt, Kirche als Institution und Organisation,178.

14 Vgl. dazu Wolfgang W. Müller (Hg.), Katholizität. Eine ökumenische Chance, Zürich 2006.

Es macht beinahe den Anschein, aber der Heiligenschein trügt. Das Wahrheitsprinzip ist keine rhetorische Schlagwaffe, um seine kirchenpolitischen Gegner mundtot zu machen – auch wenn mit Blick auf zweitausend Jahre Kirchengeschichte der verbale Schlagabtausch zu den milderen Varianten der innerkirchlichen Auseinandersetzungsarten zählt. Mit anderen Worten: Der Bezug auf Gottes Mitregieren bewahrt die Kirche nicht vor dem Zwist. Das ist zugegeben eine sehr nüchterne Lesart. Die andere ist hoffnungsvoller. Sie führt zu einer dppelten Quintessenz. Religiös ausgedrückt: Würden wir nicht mehr darauf vertrauen, dass Gottes Geist unser Kirchen- und Gemeindehandeln leitet, wären wir von allen guten Geistern verlassen. Technisch ausgedrückt: Die Lehre der Institution Kirche legt die Grundlagen für die lernende Organisation der Kirche.

2.3 Gemeindeaufbau als entstehende Kirche

2.3.1 Gemeindeaufbau oder: Wie Kirche entsteht

Die Vorstellung einer lernenden Organisation und die Lehre der Kirche zu verknüpfen, ist ein Wagnis. Von einem Umbau der Kirche oder gar ihrer «Umbaukrise» ist in den Briefen des Paulus zwar nicht die Rede. Aber er hat die Metapher vom *Aufbau der Gemeinde* erfunden. Sie bildet gleichsam das theologische Verbindungsstück zwischen den beiden Logiken. Denn während der Umbau ein Leitungshandeln ist, bezeichnet der Aufbau keine Massnahme. Aufbau ist eine Metapher für die Mitwirkung Gottes. Das griechische Wort *oikodome* wird oder wurde auch mit Erbauung übersetzt. Auf die eigenartige *Er*-Weiterung der Sprache habe ich in der Einleitung hingewiesen. Das «Erbauliche» hat aber, wie eingangs eröffnet, einen frommen Geruch, so dass ich es vorziehe, vom Aufbauen oder Aufbau zu sprechen.

Der Aufbau der Gemeinde ist ein dynamisches Geschehen und kein formales Prinzip.[15] Mehr noch: mit der Gemeinde geschieht etwas. Sie wird transformiert und in eine bestimmte Richtung bewegt. Welche das ist, bringt 1Kor 8,1 am schönsten und kürzesten auf den Punkt. «Die Erkenntnis bläht auf, die Liebe aber baut auf.»

Das ist konstruktiv und kritisch zugleich. Auch die anderen Belegstellen im ersten Brief an die Korinther lassen die darin liegende Dialektik erken-

---

[15] Christoph Landmesser, Wahrheit als Grundbegriff der neutestamentlichen Wissenschaft, Tübingen 1999, 369–371. Ausführlich in: Christian Möller, Einblicke in die biblischen Ursprünge der christlichen Gemeinde, in: ders., Lehre des Gemeindeaufbaus, Bd. 2, Göttingen 1990, 147–230. Eine gute Zusammenfassung ist greifbar in: Christian Möller, Einführung in die Praktische Theologie, Tübingen/Basel 2004, 46–71.

nen.[16] Der Bau wird in 1Kor 1–4 als Leitmetapher eingeführt. Paulus klärt seine Leser darüber auf, wer er ist und wer sie sind: «Denn wir sind Gottes Mitarbeiter; Gottes Ackerfeld und Gottes Bau seid ihr.» (1Kor 3,9) Der Kontext, in dem Paulus diese Selbstklärung vornimmt, ist eminent kritisch. Er spricht zu einer zerstrittenen Gemeinde. In Korinth gibt es Parteiungen und Parteiführer, die drauf und dran sind, einander zu verzehren, weil sie sich von der Eifersucht und vom Streit leiten lassen (1Kor 3,3). Paulus appelliert an die Einheit und mahnt die Gemeinde, sich wieder der Leitung des Geistes anzuvertrauen, der «die Tiefen Gottes ergründet» (1Kor 2,10). Ein solcher Appell ist typisch evangelisch: Der Widerspruch gegen die menschliche Beschränktheit geht in den Zuspruch der göttlichen Möglichkeit über. Die Gemeinde ist ein göttlicher Bau. «Wisst Ihr nicht, dass ihr Gottes Tempel seid und dass Gottes Geist in euch wohnt?» (1Kor 3,16)

In dieser Gegenüberstellung werden zwei entscheidende Merkmale der Gemeinde erkennbar: Erstens ist die entstehende Gemeinde keine ideale Lichtgestalt, die erst auf der Folie der institutionellen Schattengestalt Kirche aufleuchtet. Vielmehr werden die Korinther von Paulus an das Wort erinnert, dem sie ihre Existenz verdanken. Deshalb nennt Paulus sich nicht den Gründer oder Stifter der Gemeinde, sondern einen Mitarbeiter Gottes. Denn nicht er ist der Anfänger und nicht er ist das Gegenüber der Gemeinde. Jesus Christus ist es. Also kann keine Gemeinde auf Dauer ohne das Amt *bestehen*, das immer wieder zurück zum Anfänger und Vollender der Kirche ruft. Zweitens verweist die Aufbaumetapher auf den Ursprung der *entstehenden* Kirche. Der Ursprungsbezug kommt sachlich und zeitlich vor jeder Organisations- und Institutionslogik. Der Bezug auf den Anfänger oder Ursprung impliziert eine Bewegung und muss bezeichnenderweise bildhaft beschrieben werden. Denn die soziale Form der Gemeinde wird ja im Aufbau – als Erscheinung dieses Ursprungs oder Werk des Anfängers – erst begriffen. Sie ereignet sich. Warum ist das wichtig?

Weil schon die Korinther es vergessen haben und erst recht wir es vergessen. Denn die Kirche ist ja da! Sie besteht. Darum gibt es ein natürliches Gefälle von der entstehenden hin zur bestehenden Kirche. Darum rutscht uns die Aufbaulogik auch ständig in die Umbaulogik hinein. Denn das, was wir machen, ist stärker als das, was wir nur erbitten können. Paradoxerweise ist auch das, was wir nicht machen können, stärker als das, was wir uns von Gott erhoffen. Resignation und Aktivismus haben dieselbe Wurzel. Wir reden über

---

16 Paulus verwendet *oikodome* substantivisch in 1Kor 14,3.5; 12,26 im Zusammenhang seiner Überlegung zum Einsatz der Zungenrede. Seine Quintessenz: «Alles geschehe zur Erbauung!» (1Kor 14,26) Als Verb verwendet: 1Kor 8,1; 10,23; 14,4.

die entstehende Kirche als sei diese eine Leistung der bestehenden Kirche und überhören, was uns Paulus zuruft: «Darum zählt weder der, der pflanzt, noch der, der bewässert, sondern Gott, der wachsen lässt.» (1Kor 3,7)

2.3.2 Die entstehende Gemeinde in der bestehenden Kirche

Wenn ich vom Aufbau der Gemeinde im Umbau der Kirche spreche, ziele ich also auf eine weitere Dimension. Soziologisch gesprochen ist Kirche zugleich Organisation und Institution. Sie ist überdies eine *Bewegung*.[17] Theologisch gesprochen ist sie Gottes Bau, zugleich aber auch menschliches Werk und deshalb – beides verbindend – die Frucht einer heiligen Synergie.[18] Diese um die Bewegung erweiterte Hybridität ist grundlegender und gerade deshalb in Gefahr, vergessen zu gehen. Sie erinnert an etwas, das wir nicht in den Griff bekommen und das nicht organisiert werden kann. In der Bewegung verbindet sich das Menschliche und das Göttliche zu dem, was oben *Ereignis* (1.3) genannt wurde.

Um das Missverständnis nicht aufkommen zu lassen: Gott wirkt auch in der Institution (*Erinnerung*) und in der Organisation (*Weisheit*) mit. Man würde deshalb in die Irre gehen, wenn man das Verhältnis von Bewegung und Institution als Konflikt zwischen dynamischem Charisma und erstarrender Struktur zum Schlüsselproblem der Kirchenentwicklung erklären würde. Ebenso verfehlt wäre es, das Verhältnis zwischen entwicklungsfähiger Kirchenorganisation und bewahrungsbedürftiger Kircheninstitution nur in dieser Spannung zu sehen. Daran erinnert uns auch Walter Mostert in seiner evangelischen Lehre von der Kirche.[19] Ich zähle ihn zur «Zürcher Schule», auf die ich in einem folgenden Kapitel (3.8) zu sprechen komme. An dieser Stelle möchte ich den Gedanken vorwegnehmen, mit dem Mostert seine evangelische Lehre von der Kirche beginnt, und ihn ein wenig weiterspinnen.

Mostert setzt mit der lapidaren Feststellung ein, dass die Kirche da ist.[20] Er unterscheidet dann zwischen der *bestehenden* und *entstehenden* Kirche. Die bestehende Kirche ist das, was uns aufgegeben ist. Wir sehen und erfahren sie als Gebäude, in den Pfarrpersonen, als Synode oder als Kirchenrat. Sie

---

[17] Hauschildt hat seine Hybridtheorie zunächst als Dual entwickelt, dann aber auch um eine dritte soziale Grösse der Bewegung erweitert. Vgl. Hauschildt, Organisation der Freiheit. Die Dreigestalt ist tatsächlich älter. Auf die Geschichte und den Hintergrund gehe ich ein in: Ralph Kunz, Kybernetik, in: Christian Grethlein/Helmut Schwier (Hg.), Praktische Theologie. Eine Theorie- und Problemgeschichte, Gütersloh 2007, 607–684, hier 669–672.

[18] Mitarbeiter Gottes sind *synergoi tou theou* (1Kor 3,9).

[19] Walter Mostert, Jesus Christus – Anfänger und Vollender der Kirche. Eine evangelische Lehre von der Kirche, Zürich 2006.

[20] A. a. O., 19.

existiert «ganz analog wie ein Kegelklub existiert, die Kantonsregierung, die SBB oder, horribile dictu, die Kommission der Europäischen Gemeinschaft in Brüssel».[21] Als empirische Kirche ist sie vergleichbar mit anderen sozialen, rechtlichen oder religiösen Grössen. Aber das, was an der Kirche beobachtet, verglichen und verändert werden kann, ist nicht die ganze Kirche. Auch die entstehende Kirche ist real. Diese ist uns nicht gegeben. Eben dies sei die Versuchung der bestehenden: dass man die Existenz der entstehenden Kirche für selbstverständlich nehme und dann frage: «Was machen wir mit, aus der Kirche? Was hat die Kirche zu machen?» Mostert hingegen betont:

Die primäre Frage ist nicht: Wie besteht die Kirche? Sondern: Wie entsteht überhaupt Kirche? [...] Wie entsteht die Kirche – was ist die arché (Anfang, Grund) der Kirche – ist eine Frage nach ihrem Anfang und zugleich ihrem Grund. Wie entsteht Kirche je und immer? Wie entsteht Kirche heute? Wenn wir also Kirche ihrer Selbstverständlichkeit entkleiden, so entdecken wir: Die Kirche ist zwar als Institution, Organisation, Infrastruktur oder Dachverband gegeben. Aber gerade innerhalb dessen erhebt sich faktisch die Frage: Wie wird Kirche?[22]

Das ist die entscheidende Frage. Und sie stösst in gewisser Weise auf den Grund. Denn, um noch einmal die paulinische Baumetapher zu zitieren, «ein anderes Fundament kann niemand legen als das, welches gelegt ist: Jesus Christus.» (1 Kor 3,11)

Vor dem Hintergrund dieser christologischen Grundlegung erscheint die Kirche als das, was sie eigentlich ist: eine Gemeinschaft mit Gott, die wahre Gemeinschaft mit Menschen ermöglicht. Diese Konzentration soll nun freilich nicht reduktionistisch, das Fundamentale dieses Bezugs nicht fundamentalistisch, die biblische Fundierung nicht biblizistisch und die ethische Bestimmung nicht moralistisch enggeführt werden. Alle -ismen stehen für Bemächtigungsversuche, die systematisch ausblenden, dass sich die Wirklichkeit Gottes jeder Beherrschung entzieht, ja entziehen muss, wenn sein Name geheiligt wird und wir bitten, dass sein Reich kommen soll.[23] Was im Entzug gegeben und in seiner Gegebenheit entzogen ist, ist nach 1Kor 1–4 mit dem Wort vom Kreuz verbunden, das den Juden ein Ärgernis und den Griechen eine Torheit ist. Die weisheitskritische Interpretation des Wortes vom Kreuz ist entscheidend für das Selbstverständnis der Kirche. Es konkretisiert das Haupt-Prinzip und kritisiert die Verblendung, die das Geistgeschehen durch ein Gedankengebilde ersetzt. Die *Wahrheit* der Kirche ist nicht

---

[21] Ebd.
[22] A. a. O., 23.
[23] A. a. O. 24f.

identisch mit der *Lehre* von der Kirche. In der Bibel wird nicht festgeschrieben, was Kirche ein für alle Mal ist. Es steht geschrieben, dass Kirche entsteht, wo zwei oder drei sich in seinem Namen versammeln (Mt 18,20).

Walter Mostert verwendet einen anderen Terminus, um diese antifundamentalistische Pointe stark zu machen. Er spricht von einer *hermeneutischen* oder *theologischen* Lektüre der Schrift, die davor bewahrt, das Gegebene nur als Entwicklung aus einem historisch verstandenen Ursprung zu sehen.[24]

Was ist die Konsequenz einer solchen Lektüre? Sie kommt zum Schluss, dass Kirche sich in einer ständigen Revolution befindet. Gut zürcherisch wäre von einem permanenten «Züri-Putsch» zu sprechen,[25] der zum Wesen der Kirche gehört und zu dem sich die Kirche bekennt, wenn sie sich auf Jesus Christus als den «einzigen Ursprung und Herrn ihres Glaubens, Lehrens und Lebens»[26] beruft. Denn sie verpflichtet sich in ihrer Ordnung und ihren Bekenntnisschriften, allein auf die Schrift zu bauen und darauf zu vertrauen, dass, wer sie recht liest, aus ihr das wahre Wort Gottes vernehmen kann.[27]

Das ist insofern eine Revolution, weil sich alles darum dreht, wie das wahre und gerechte Gottesverhältnis in Jesus Christus wieder hergestellt werden kann. Die Bibel sagt dazu: Busse. Mostert sieht hier auch das Kernanliegen der reformatorischen Theologie «als einer Bewegung, die das Denken gereinigt hat»[28]! Kirche muss so gebaut werden, dass die Gemeinde sich auf den hin re-orientiert, der Gemeinde bauen kann. Dazu braucht sie verlässliche Institutionen: die Predigt, die Sakramente, das Amt und den gegenseitigen Dienst. Sie sind dazu da, die Gemeinde zurück auf Gott hinzubewegen. «Alles geschehe zur Erbauung» (1Kor 14,26) ist darum ein revolutionärer Satz, weil er die Wende der bestehenden zur entstehenden Kirche anmahnt oder – mit dem bekannten Diktum gesagt – den Satz von der *ecclesia semper reformanda* begründet.[29]

---

[24] A. a. O. 26f.: «Wir lesen, theologisch, das Neue Testament nicht als Buch, das uns lehrt, wie einmal Kirche entstanden ist. Natürlich lesen wir es so, aber das eine historische, keine theologische Lektüre. Theologisch lesen wir das Neue Testament, wenn wir es lesen als Text dafür, wie Kirche überhaupt immer entsteht.»

[25] Zum historischen Putsch: siehe 3.3.1.

[26] Die Zürcher Kirchenordnung, Art. 3, formuliert etwas vorsichtiger: «An ihm [Jesus Christus] orientiert sich ihr [der Kirche] Glauben, Lehren und Handeln.»

[27] Vgl. Bullinger, Zweites Helvetisches Bekenntnis, 17–19 (Kap. 1).

[28] Mostert, Jesus Christus, 27.

[29] Zur Herkunft und Bedeutung der Formel siehe Emidio Campi, «Ecclesia semper reformanda». Metamorphosen einer altehrwürdigen Formel, in: Zwingliana 37 (2010), 1–11.

2.3.3 Das protestantische Prinzip

Eine andere Kurzformel soll wenigstens erwähnt werden. Paul Tillich sprach vom *protestantischen Prinzip*. Es besagt, dass «in der Beziehung zu Gott allein Gott handelt und dass kein menschlicher Anspruch, besonders kein religiöser Anspruch, aber auch kein intellektuelles, moralisches oder religiöses Werk uns wieder mit ihm vereinigen kann».[30] Der theologisch angemessene Ausdruck für dieses Prinzip ist die Rechtfertigung, die Gott aus freier Gnade zuspricht und so die Basis für eine Geistgemeinschaft legt, die jede Kirche transzendiert.[31] Das Prinzip ist die Haupt-Sache. Seine prophetische Kraft der Selbstkritik richtet sich nicht nur gegen totalitäre Formen des Religiösen, Sozialen und Politischen – es protestiert auch und zuerst gegen ein sich selbst verabsolutierendes Kirchentum.[32]

2.3.4 Ekklesiologie und Gemeindeaufbau – ein Zwischenschritt

Bevor ich dies weiter entfalte, möchte ich ein mögliches Missverständnis ausräumen. Wenn man Kirche mit einem Bau vergleicht, könnte man auf die Idee kommen, die Theologie der Kirche sei wie der Plan eines Architekten zu verstehen, der aufgrund seiner Vorstellungen und unter Berücksichtigung der Gesetze der Statik einen Bau entwirft. Was auf dem Reissbrett gezeichnet ist, ist dann natürlich nicht die eigentliche Bauarbeit. Die überlässt man den Arbeitern vor Ort. Auf dem Bauplatz sind die Pläne zwar wichtig, aber letztlich ist Technik, Handwerk und ästhetisches Feingefühl gefragt.

Was ist daran falsch?

Die theologische Vorstellung von «Gemeinde» oder «Kirche» würde in dieser Sicht zur Reissbrettgestalt oder platonischen Idee. Im Praxisfeld hätte man es hingegen mit den volkskirchlichen Realitäten zu tun: mit den schweren Zementsäcken des Unglaubens, dem Streit zwischen den Bauleuten, dem Stromausfall im traditionellen Gottesdienst, der schlechten Witterung im Kirchgemeinderat – oder mit den gestalterisch kreativen, organisatorisch versierten und religiös aktiven Virtuosen, die die Kirche am Leben erhalten. Es kämpfte dann das Wirkliche gegen das Mögliche an.

Ich fürchte, dass dieses Theorie- und Theologieverständnis weit verbreitet und tief verankert ist. Es ist falsch, weil es Theorie und Praxis auseinanderreisst anstatt sie zusammenzudenken. Eine solche Auffassung endet entweder

---

30 Vgl. Paul Tillich, Systematische Theologie, Bd. 3, Berlin/New York 1984, 257.
31 A. a. O., 281.
32 A. a. O., 284; 240. Vgl. auch Tillich, Systematische Theologie, Bd. 1, Berlin/New York 1984, 264.

im Abschied von der Theologie oder im Abschied von der kirchlichen Realität. Beides wäre fatal! Denn ohne Realitätsbezug hätte die Theologie ihren *Gegenstand* verloren und ohne Theologie die Kirchen- und Gemeindearbeit diejenige Instanz, die den Bauleuten – und das sind gemäss evangelischer Überzeugung alle Getauften! – das *Gegenüber* in Erinnerung ruft. Darum wehre ich mich gegen die Aufteilung. Auf der Ebene der Theoriebildung stellt sich dann gleichwohl die Frage, wie das Verhältnis von Ekklesiologie und konkretem Gemeindeaufbau bestimmt werden kann.

Wenn sich die Gefahren eines unüberlegten Theorie-Praxis-Modells identifizieren lassen, sollte es doch gelingen, die Chancen eines überlegten Praxis-Theorie-Modells zu formulieren![33] Ekklesiologie und Gemeindeaufbau verstehe ich als sich ergänzende Arbeitsbereiche, die verschiedene Perspektiven des Nachdenkens präsentieren und zugleich Aufgabenbereiche eines Arbeitsprozesses markieren, die aufeinander abgestimmt werden. Ich schlage darum folgende Verhältnisbestimmung vor:

Ekklesiologie fragt aufgrund der Schrift und der Tradition, in Kenntnis der Kirchengeschichte und in der Auseinandersetzung mit der gegebenen sozialen, kulturellen und gesellschaftlichen Wirklichkeit nach der vergangenen, gegenwärtigen und zukünftigen Gestalt der Gemeinde. Ekklesiologische Sätze sind dann theologisch, wenn sie von Gott und den Menschen reden, und sie werden dann praktisch, wenn sie die Mitarbeit der Menschen auf dem Bauplatz der «Gemeinde Gottes» anleiten. Der Gemeindeaufbau ist darum praktische Ekklesiologie mit vier Bedeutungsebenen:

– Sie versteht den Gemeindeaufbau auf der primären Ebene als das *Ereignis* der Gemeinde und dynamisches *Geistgeschehen*.

– Gemeindeaufbau in einem zweiten, abgeleiteten Sinn meint die *Lehre* von der entstehenden Gemeinde und ist theologische Bildungsarbeit. Sie hat die Aufgabe, tatsächliche und wünschenswerte Funktionen der christlichen Gemeinde kritisch zu vermitteln.

– Gemeindeaufbau wird – meistens mit dem Zusatz «missionarisch» – auch als ein bestimmtes *Programm* verstanden, das von anderen Spielarten programmatischer Gemeindearbeit unterschieden wird.

– Und schliesslich gibt es *Konzepte* oder *Modelle*, die Anweisungen für die Umsetzung geben.

---

[33] Klassisch formuliert: «Die Tätigkeit des Klerikers [ist] keine kunstgerechte oder auch nur besonnene Leitung, sondern lediglich eine verworrene Einwirkung» (Friedrich Schleiermacher, Kurze Darstellung des theologischen Studiums zum Behuf einleitender Vorlesungen [1811/1830], hg. von Dirk Schmid, Berlin/New York 2002, § 12).

2.3.5 Das Ziel dieser Studie

Es sollte klar geworden sein, welche Ebene von Gemeindeaufbau in dieser Studie verhandelt wird und welches Ziel ich damit verbinde. Weder geht es darum, einen 500-jährigen Grossbetrieb am Leben zu erhalten, noch geht es darum, Gemeinde *ab ovo* neu zu erfinden. Beide Vorstellungen des kirchlichen Handelns führen in Sackgassen. Programmatisch formuliert: Wir müssen abbauen, aber auch im Rückbau der bestehenden Strukturen bleibt das Ziel der Kirche der Aufbau lebendiger Gemeinden. Meine Absicht ist es, den Gemeindeaufbau als Denkansatz für das Verständnis der Reform fruchtbar zu machen. Oder anders formuliert: Ich möchte begründen, warum die Stärkung, Erhaltung und Erneuerung der christlichen Gemeinschaft dem Umbau der Kirche seine Richtung geben soll.

Um ein zweites Missverständnis gar nicht erst aufkommen zu lassen: Die lebendige ist keinesfalls die ideale oder erträumte Gemeinde. Sie ist eine Gemeinschaft von Sündern und Sünderinnen. Sie besteht aus Menschen aus Fleisch und Blut. Vielleicht finden sich sogar auch Zollbeamte und Dirnen oder *horribile dictu* ein paar Banker unter den Gemeindegliedern! Die Kirche ist kein Verband von Gutmenschen oder Besserwissern. Sie ist kreuz und quer menschlich. Wenn sie das verleugnen würde, verlöre sie ihre Lebendigkeit und letztlich den Lebendigen selbst. Gott ist das Geheimnis zwischen uns. Denn die Gemeinschaft der Sünder ist auch die Gemeinschaft derjenigen, die in Christus verbunden sind, weil sie auf Gottes Wort hören, einander im Glauben bestärken und miteinander am selben Tisch sitzen, um Brot und Wein zu teilen. Es ist keine Heile-Welt-Gemeinschaft, sondern eine, die auf Heilung hofft und dadurch den Namen Gottes heiligt. Darum heisst sie *Gemeinschaft der Heiligen.*

Jede Lehre und erst recht jedes Programm, Konzept und Modell des Gemeindeaufbaus *folgt* dem Geschehen, aus dem die Kirche der Heiligen entsteht und *verfolgt* erst danach das Ziel, die bestehende Kirche zu reorganisieren. Die Studie kreist um diesen Gedanken und kann auch als Auslegung der Kirchenordnung der Evangelisch-reformierten Landeskirche des Kantons Zürich gelesen werden, die im Artikel 86 festhält:

> Gemeinde wird gebaut durch Gottes Geist, wo Menschen im Glauben gestärkt werden, neue Lebenskraft, Orientierung und Hoffnung finden und ihren Glauben in der Gemeinschaft leben können.

> Gemeindeaufbau schafft Raum für die Gemeinschaft im Feiern, im Hören auf Gott, im Beten und Dienen sowie Mitwirken der Mitglieder gemäss ihren Begabungen.

Gemeindeaufbau bedeutet, dass Menschen für die Nachfolge Christi und seine Gemeinde gewonnen werden, dass die Gemeinde das Evangelium bezeugt und den Dienst der Vermittlung und Versöhnung in der Gesellschaft wahrnimmt.

Gemeinde wird gebaut als Kirche am Ort in der Kirchgemeinde und als Kirche am Weg in übergemeindlichen, regionalen und gesamtkirchlichen Aufgaben, Projekten und Werken.[34]

In Analogie zur Liturgischen Theologie nenne ich dieses in der Kirchenordnung bestens beschriebene Geschehen den *ersten Gemeindeaufbau* oder *primäre Ekklesiologie*.[35]

Vielleicht fragen Sie sich jetzt: Wozu braucht es eine Studie, wenn offensichtlich alles bestens in der Ordnung ist bzw. schon in der Kirchenordnung steht? Ich antworte: Weil mit den Gemeinden nicht alles in bester Ordnung ist und diese gerade im gegenwärtigen Umbau der Kirche an Kraft und Kontur gewinnen soll. Dass sich uns auf dieser zweiten Ebene des Handelns eine Chance eröffnet, wenn wir auf der ersten Ebene klarer sehen, ist zunächst nur eine Behauptung. Sie ist zu begründen. Dafür greife ich zurück auf die Lehrer der «Zürcher Schule».

---

[34] Kirchenordnung der Evangelisch-reformierten Landeskirche des Kantons Zürich, Art. 86,1–4.
[35] Im Rahmen der Liturgischen Theologie wird zwischen dem Gottesdienst als Ort der *theologia prima* und der akademischen Theologie als *theologia secunda*, d. h. als «sekundärer» Reflexion auf die *theologia prima*, unterschieden. Vgl. David W. Fagerberg, Theologia Prima. What is Liturgical Theology?, Chicago/Mundelein, IL 2004; Dorothea Haspelmath-Finatti, Theologia Prima. Liturgische Theologie für den evangelischen Gottesdienst, Göttingen 2014.

«Einen anderen Grund kann niemand legen ausser dem, der gelegt ist,
welcher ist Jesus Christus.»
1Kor 3,11

3 Erkundungen – die Ekklesiologie der «Zürcher Schule»

3.1 Eine Erklärung zur «Zürcher Schule»

Eine «Zürcher Schule» gibt es nicht. Zumindest kennt die Fachwelt keine
reformierte Kirchenlehre dieses Namens. Ich habe sie für den Zweck dieser
Studie erfunden. Die Idee, von einer «Zürcher Schule» zu reden, ist aus zwei
Gründen verwegen. Erstens ist das, was folgt, ein Konstrukt und zweitens
sind die meisten, die ich als Lehrer dieser Schule aufrufe, gar keine Zürcher.
Schon der Auftakt zur Reformation in Zürich ging nicht von Zürchern aus.
Zwingli stammte aus dem Toggenburg und Bullinger aus Bremgarten. Alexander Schweizer, wenngleich einem alten Zürcher Geschlecht entstammend,
wuchs in Murten auf. Und von meinen Gewährsleuten aus dem 20. Jahrhundert bleibt nach Leonhard Ragaz, Eduard Schweizer und Walter Mostert –
einem Bündner, Basler und Deutschen – nur Emil Brunner als einziger echter
Zürcher übrig.

Ganz aus der Luft gegriffen ist der Name dennoch nicht. Seine Berechti-
gung leitet sich aus der Tatsache ab, dass alle genannten Theologen mit der
Schola Tigurina und der aus ihr entwachsenen Theologischen Fakultät der
Universität Zürich verbunden waren.[1] Diese Äusserlichkeit allein rechtfertigt
zwar nicht, von einer gemeinsamen Schule *stricto sensu* zu sprechen. Es ist
vielmehr der Umstand, dass sich im Denken dieser Lehrer so etwas wie ein
gemeinsamer Grundriss eines Lehrgebäudes wiedererkennen lässt.

Ich beginne mit dem Fundament, das Huldrych Zwingli und *Heinrich
Bullinger* (3.2) gelegt haben.[2] Das Augenmerk liegt auf dem genialen
Nachfolger Zwinglis. Er hat das Erbe des ersten Reformators eigenständig
weitergedacht und uns in seinen Schriften die theologischen Grundlagen für
eine reformierte Kirchenlehre überliefert. Das Eine, das nottut, lässt sich dar-

---

[1] Vgl dazu http://www.uzh.ch/news/articles/2008/2865/Eroeffnungsrede_Prof. E. Campi.pdf
(07.03.2015).
[2] Von den in der Theologischen Fakultät versammelten Disziplinen ist die Praktische Theologie die Generalistin. Ich bin kein Kirchenhistoriker, aber in der glücklichen Lage, auf ein
Institut im eigenen Haus hinweisen zu dürfen. Das Institut für Schweizerische Reforma-
tionsgeschichte (www.irg.uzh.ch) ist *das* Zentrum der Zwingli- und Bullingerforschung.

an ablesen, dass sich alles um die Frage drehte, wie die bestehende Kirche aus dem Wort Gottes erneuert werden könne, damit daraus – immer wieder neu – Gemeinde entsteht.

Zwischen Bullinger und meinem zweiten Zeugen liegen beinahe vier Jahrhunderte. *Alexander Schweizer* (3.3) prägte als Theologe und Grossmünsterprediger die Zürcher Kirche in der Mitte des 19. Jahrhunderts. Als Vermittlungstheologe suchte er den Weg zwischen den Extremen. *Leonhard Ragaz* (3.4) betont die prophetische Dimension der Kirche. Aufgabe der Kirche sei es, das Reich Gottes zu verkündigen und nicht das bestehende Kirchen- und Christentum zu perpetuieren. Er forderte eine radikale Rückkehr zu den Wurzeln – ein Umkehrruf der sich auch an die Gesellschaft und die Politik richtete, ein Ruf, für den er mit seiner eigenen Existenz zeugte. 1921, zwei Jahre nach dem Generalstreik verzichtete Ragaz aus Protest gegen Staat und Universität auf seinen Lehrstuhl.

Emil Brunner (3.5) war sein Nachfolger. Er lehrte zwanzig Jahre lang Ethik, Dogmatik und Praktische Theologie an der Theologischen Fakultät Zürich. Er gehört zweifellos zu den bekanntesten Theologen des 20. Jahrhunderts. Brunner war ein vehementer Kirchenkritiker und gleichzeitig ein leidenschaftlicher Gemeindetheologe. Auf einen seiner frühen Aufsätze zur Kirchenfrage werde ich etwas ausführlicher eingehen und daran zeigen, wie provozierend, aber auch aktuell und inspirierend Brunners Ekklesiologie für die Volkskirche der Gegenwart ist.

Eduard Schweizer (3.6), der 1949 der Kollege von Emil Brunner in Zürich wurde, kann ebenfalls als weltweit geachtete Koryphäe gelten. Der 2006 verstorbene Neutestamentler hat der Forschung mit seinen Untersuchungen zu den neutestamentlichen Anfängen der Gemeinde wichtige Impulse gegeben. Zwischen Schweizer und Brunner gibt es einige Berührungen aber auch Differenzen, deren Klärung Erhellendes zur ekklesiologischen Fundierung des Gemeindebegriffs beitragen.

Auch auf *Walter Mostert* (3.7), aus dessen evangelischer Kirchenlehre ich ja schon einen Leitgedanken entliehen habe, komme ich noch einmal kurz zu sprechen, um schliesslich Lehren aus diesem Gang durch die Schule zu ziehen (3.8).

3.2 Das Fundament – Heinrich Bullinger

3.2.1 Das Fundament ist gelegt

Dass wir mit dem Reformatoren Bullinger beim Anfang der «Zürcher Schule» einsetzen, mag das vielleicht verwundern. Warum kommt nicht Zwingli, sondern sein Nachfolger zu Wort? Erstens, meine ich, ist Bullinger zu Unrecht (immer noch) der grosse Unbekannte unter den Reformatoren.[3] Zweitens haben wir letztlich Bullinger und nicht Zwingli die Grundlagen der reformierten Ekklesiologie zu verdanken. Ich denke einerseits an die wohl bekannteste seiner Schriften: die «Confessio Helvetica posterior». Das Zweite Helvetische Bekenntnis war bezeichnenderweise nicht mehr «seine» Schrift, sondern avancierte zu *dem* Lehrbekenntnis der Reformierten. Wichtig sind andererseits die «Dekaden». Während das Helvetische Bekenntnis die Lehre der Reformierten nach aussen vertritt, richtete sich das «Hausbuch», wie es auch genannt wird, ursprünglich stärker nach innen. Sein Inhalt waren zumeist kontroverstheologisch verfasste Predigten, die zur Bildung des konfessionellen Bewusstseins über Zürich hinaus beitrugen. Gottfried Locher schreibt dazu:

> Seine «Dekaden», das «Hausbuch», je zehn lehrhafte Predigten über die fünf Hauptstücke, in allen wichtigen Sprachen übersetzt, prägten die Gemeindetheologie mehr als die immer etwas akademische Institutio Calvins; erst nach der Synode von Dordrecht (1618) liess man sie fallen, weil sich, sehr zum Ärger der Orthodoxen, die Arminianer auf sie beriefen. Aber für die Zeitgenossen des 16. Jahrhunderts stand der Zürcher im gleichen Rang neben dem Genfer.[4]

Dass es sich ursprünglich um Predigten handelte, ist keineswegs zufällig oder nebensächlich. Bullingers «Dekaden», die 1549 bis 1552 entstanden sind, lassen sich sowohl inhaltlich als auch der Form nach als aufbauende Reden lesen. Die Predigt galt als eine primäre Form der Lehre, weil sich durch sie das Wort Gottes ereignet – das Wort, dass die Kirche wieder aufbaut. Wie Peter Opitz in seiner Studie der «Dekaden» erklärt, hat das, was Bullinger mit den «Dekaden» in Gestalt von Locipredigten durchführt, seine Wurzeln in

---

[3] Wie wenig vertiefte Auseinandersetzung mit Bullingers Werk auch in der Schweiz stattgefunden hat, hat schon beinahe etwas Tragischkomisches!

[4] Gottfried Locher, Das Zweite Helvetische Bekenntnis, 294 (zitiert nach: Peter Opitz, Heinrich Bullinger als Theologe. Eine Studie zu den «Dekaden», Zürich 2004, 11). Zur Verdeutlichung des Gesagten: Von 1550 bis 1560 gab es in England 77 Auflagen von Bullingers «Dekaden» (zum Vergleich: die Institutiones von Calvin erlebten in der gleichen Zeit zwei englische Auflagen). Zum Stichwort Arminianer: Gegründet durch den holländischen Theologen Jacob Harmensz (lat. Arminius, 1560–1609) meint Arminianismus eine weit verbreitete reformierte Lehrmeinung, die sich gegen die (strikte) Prädestinationslehre wandte und an der Willensfreiheit des Menschen festhielt. Der Arminianismus wurde durch die panreformierte Synode von Dordrecht 1619 verurteilt, vgl. Donald Sinnema/Christian Moser/Herman J. Selderhuis (Hg.), Acta et documenta Synodi Nationalis Dordrechtanae (1618–1619), Bd. 1: Acta of the Synod of Dordt, Göttingen 2015. John Wesley, Gründervater der methodistischen Bewegung, kann als Vertreter der Lehre des Arminius gelten.

seinem Verständnis der Aufgabe christlicher Verkündigung als «prophetische» Aufgabe.[5]

Denn – ob als Textauslegung oder Themenpredigt – die Aufgabe der Verkündigung ist es, die Gemeinde zu belehren, zu ermahnen und zu trösten. Dies wiederum führt ins Zentrum von Bullingers Verständnis von «Auferbauung» nach 1Kor 14.[6] Was der Prophet sagt, baut die Gemeinde auf. Das ist auch der Grund, weshalb die evangelische Kirche das Predigtamt zum Schlüsselamt erklärt. Es garantiert, dass das Eine, das nottut, geschieht: dass das Wort des lebendigen Gottes verkündet wird. Die Predigt ist darum in erster Linie, wenn auch nicht ausschliesslich, Schriftauslegung. Denn um die Schrift(auslegung) zu verstehen, braucht es eine elementare Belehrung in den Hauptstücken des Glaubens: nämlich des Bundes, des Dekalogs, des Apostolicums, des Unservaters und der Sakramente. Die Auswahl dieser fünf Stücke ist aus zwei Gründen aufschlussreich: Sie lehnt sich erstens den altkirchlichen Katechesen an und sie bildet zweitens den Grundstock jener Elemente des Zürcher Ritus, wie er seit Ende der 1520er Jahre im Kirchenbuch festgeschrieben und in Zürich gefeiert wurde.[7]

Dies wiederum stellt die Konsequenzen des ersten Grundsatzes der reformierten Kirchenlehre vor Augen: Wenn Gottes Wort die Quelle und Norm des christlichen Glaubens und Lebens ist, muss dafür gesorgt werden, dass gepredigt wird. Die Verkündigung ist die Mitte, um die sich alles dreht und das Prinzip, von dem her sich alles aufbaut. Das Wort ist auch das kritische Prinzip des Umbaus: Weil die Kirche nur bestehen kann, wenn der Zugang zur Quelle frei ist, muss dieser immer wieder freigelegt wird. Darum ist der «re-formierte» Gottesdienst im Sinn des wiederhergestellten Gottesdienstes mit (deutscher) Predigt und dem gemeinsam gefeierten Abendmahl als Quellort der Erneuerung zentral. Hier entsteht Gemeinde.

3.2.2 Die Gemeinschaft der Heiligen

Bei Bullinger finden wir eine Ekklesiologie, die Kirche auf dem Hintergrund der spätmittelalterlichen Gesellschaft – aus naheliegenden Gründen – weder *pluriform* noch *uniform* entwerfen konnte. Das Problem der Kirchen im Plural des «konfessionellen Zeitalters» darf nicht mit dem Pluralismus der Gegenwart kurzgeschlossen werden. Dasselbe gilt für die Lösung, die Bullinger, Zwingli folgend und Calvin beeinflussend, für die Doppelgestalt der Kirche propagiert hat. Bullinger unterscheidet die *äussere* von der *inneren*

---

[5] Vgl. Opitz, Bullinger.
[6] A. a. O. 22f.
[7] Vgl. dazu Ralph Kunz, Gottesdienst evangelisch reformiert, Zürich 2006.

bzw. die *sichtbare* von der *unsichtbaren* Kirche und das heisst immer auch: Er denkt sie *theologisch* zusammen.

In der fünften und letzten seiner «Dekaden», in der sich Bullinger der Kirche widmet, lässt sich die Pointe dieser Lehrfigur gut nachvollziehen. Neben Kirche und Amt werden in den zehn Predigten das Unservater bzw. eine Lehre vom Gebet, die Sakramente und in der letzten Predigt die kirchlichen Einrichtungen – das sind Themen wie Schule, Kirchenzucht und Bestattung – behandelt. Das sind äussere Einrichtungen. Gleichwohl nennt Bullinger die Kirche das «hervorragenste Werk Gottes» und macht mit dieser Bezeichnung deutlich, dass die Lehre von der Kirche dezidiert theologisch entfaltet werden muss, auch und gerade wenn es um «äussere Dinge» geht.[8]

Inwiefern ist die Unterscheidung der inneren und äusseren Kennzeichen der Kirche wichtig? In der Auseinandersetzung mit dem römisch-katholischen, dem täuferischen und in gewissen Punkten auch mit dem lutherischen Verständnis von Kirche, sehen wir daran das Bemühen des Zürcher Reformators, die *Einheit* der Kirche theologisch zu begründen. Dabei ist der zentrale Gedanke, auf den Bullinger immer wieder zu sprechen kommt, die Identifizierung der Kirche als «Gemeinschaft der Heiligen». Mit dieser (biblisch fundierten) Formel aus dem apostolischen Symbol verbindet sich aber sogleich ihre christologische Bestimmung. Die Kirche ist nur und insofern heilig, als sie Gemeinschaft mit Gott in Christus ist. Peter Opitz bringt es so auf den Punkt:

> Ist Bullingers ganze Theologie bestrebt, Christologie zu sein, [...] so ist sie als Ganzes Ekklesiologie, denn wo auf Christus gehört wird, dort ist Teilhabe mit ihm als Teilhabe an seinem pneumatischen Leib. Theologie ist Christologie, und Ekklesiologie ist nichts anderes als erweiterte Christologie.[9]

Diese Bestimmung hat weitreichende Konsequenzen. Wenn die Kirche nämlich nur und insofern universal ist, als sie Gemeinschaft mit Gott in Christus ist, kann nur die Verbindung zu Christus für die Einheit sorgen. Kein kanonisches Recht und kein geweihtes Priesteramt leistet, was nur Gott allein bewirken kann. Die Kennzeichnung der Kirche als eine durch Christus vermittelte *Geistgemeinschaft* zeichnet sie also als *katholische Kirche* aus. Und nicht umgekehrt: Keine Kirche kann sich die Auszeichnung «Geistgemeinschaft» ans Revers heften. Noch einmal anders gesagt: Katholisch ist der

---

[8] Im folgenden referiere ich das Kapitel «Gemeinschaft mit Gott als Gemeinschaft der Heiligen» aus der Studie von Peter Opitz, Bullinger, 416–461.
[9] A. a. O., 419.

Verzicht auf einen exklusiven Geistbesitz, der durch Amt und Würden oder wie auch immer reklamiert werden könnte.

Der Begriff katholisch mag für reformierte Ohren anrüchig klingen.[10] Problematisch ist aber – gemäss dieser Definition – nicht das Katholische, sondern der Rechtsanspruch der römischen Kirche oder irgendeiner anderen Kirche, die einzige katholische Kirche zu sein. Wir stossen hier auf ein Paradox, das die Ökumene bis heute beschäftigt und nicht nur die römisch-katholische Kirche betrifft: Jede partikulare Kirche ist Teil der universalen Kirche, solange sie nicht behauptet, sie – und nur sie! – habe das Recht, sich katholisch zu nennen. Man würde deshalb das reformatorische Anliegen gründlich missverstehen, wenn man nun vice versa das protestantische Prinzip zu einem Kennzeichen der Katholizität erklären würde. Katholisch ist die reformierte Kirche, weil sie Christus allein als ihr einziges Fundament und Haupt bekennt. Diese Haupt-Sache ist der Grund der Katholizität jeder Kirche. Sie kann per definitionem kein Besitz sein, den irgendeine Kirche für sich reklamieren könnte.

Aber reicht diese Versicherung? Man könnte ja bei einer solchen Argumentation auf die Idee kommen, eine Verzichtserklärung auf Besitzansprüche genüge, um *jede Kirche* als Kirche Christi anzuerkennen oder gar *keine Kirche* mit der Kirche Christi zu identifizieren. Welche Erkenntnis brächte ein solches Kennzeichen? Wer zeugt dafür? Die Haupt-Sache wäre verraten an ein lebloses Prinzip und Lippenbekenntnis.[11] Vor allem aber hätte man einer korrekten Doktrin geopfert, was Paulus in Röm 12,1ff den «vernünftigen Gottesdienst» nennt. Denn die Kirche sind diejenigen, die berufen sind, leibhaftig dafür einzustehen, sich von Gott verwandeln zu lassen und nach seinem Willen zu fragen. Das ist aber keine Theorie. Es ist Praxis. Mit einem anderen Bibelwort gesprochen: Aus Hörern sollen Täter des Wortes werden (Jak 1,22). Ein nacktes *solus Christus* wäre genauso abstrakt, wie ein nacktes *sola scriptura*. Bullinger betont deshalb das «solus Christus audiendus».[12] Die Gemeinschaft, die auf Christus hört, ist nur dann heilig, wenn sie durch den Geist bewegt nach Heiligkeit strebt. Mit den Worten von Peter Opitz:

---

[10] Für Bullinger ist es selbstverständlich, dass die Kirche «katholisch» genannt wird, vgl. Bullinger, Zweites Helvetisches Bekenntnis, 78 (Kap. 17).

[11] Das ist das Grundproblem abstrahierender Identitätsformulierungen. Vgl. dazu die Grundlagenwerke von Joachim Mehlhausen (Hg.), Pluralismus und Identität (Veröffentlichungen der Wissenschaftlichen Gesellschaft für Theologie 8), Gütersloh 1995, und Martin Schreiner, Vielfalt und Profil. Zur evangelischen Identität heute, Neukirchen-Vluyn 1999.

[12] Opitz, Bullinger, 425.

Die wahre Kirche verwaltet nicht einen Besitz, sondern versteht sich als eine Bewegung, die darin besteht, nach Heiligkeit zu streben und Gott zu verehren, was eine gänzliche Ausrichtung an Gottes Wort voraussetzt.[13]

3.2.3 Sichtbare und unsichtbare Kirche

Wie aber unterscheidet man die Bewegten von den Unbewegten? Wer hat das Recht, darüber zu urteilen? Auf dieses Schlüsselproblem antwortet die Unterscheidung der sichtbaren und unsichtbaren Kirche mit einer eindeutigen und unmissverständlichen Anwtort: Gott allein ist Richter – *solus deus iudex est*. Die Unterscheidung zwischen der sichtbaren und unsichtbaren Kirche ist ein Stück der reformierten Kirchenlehre, das besonders umstritten ist. Sie gerät tatsächlich in eine Schieflage, wenn man diese Pointe vergisst. Dann werden die Unsichtbarkeit spiritualistisch und die Sichtbarkeit moralistisch missverstanden. Spiritualistisch meint in diesem Zusammenhang, dass die Kennzeichen der äusseren Kirche als sekundäre oder sogar als verzichtbare Äusserlichkeiten und die inneren Kennzeichen als das Wesentliche, der Kern oder das Eigentliche verstanden werden. Die Bewegung der Gemeinde zu Christus hin wäre dann prinzipiell verborgen. Eine solche Sichtweise trennt aber Norm und Form unsachgemäss auf und *unterschätzt* u. a. das formative Potenzial der Riten und Symbole. Die moralistische Fehlinterpretation leidet derweil am Übel, dass sie das offensichtlich Sichtbare *überschätzt*, wenn sie die Wahrheit der Kirche von der moralischen Integrität der Gläubigen abhängig macht.

Bullinger wehrt beiden Verzerrungen, indem er sich für ein dynamisches Ineinander der inneren und äusseren Kennzeichen ausspricht. Mit Melanchthon und der «Confessio Augustana» hält er daran fest, dass Predigt und Sakramente genügen, um Kirche äusserlich – sichtbar – zu kennzeichnen. Er setzt aber einen genuin reformierten Akzent, wenn er auf die aktive Teilnahme an den Sakramenten drängt. Kirche wird bei ihm nicht von der Ausübung eines Amtes, sondern von der *Tätigkeit der Gemeinde* her erfasst.[14]

Das ist eine entscheidende Akzentverschiebung! Um die Konsequenz dieses Gedankens zu erfassen, ist eine zweite Unterscheidung nötig, die sozusagen in die erste hineinragt und diese interpretiert. Die irdische Kirche der Gegenwart wird als kämpfende (*ecclesia militans*) vorgestellt; die himmlische als triumphierende Gemeinde (*ecclesia triumphans*). Letztere ist die jetzt schon vollkommene und durch Christus geheiligte, aber noch nicht

---

[13] A. a. O., 426
[14] A. a. O., 428.

sichtbare oder verborgene Kirche. Es ist diese kommende Gemeinde der Heiligen, auf die sich die gegenwärtige Gemeinde hinbewegt. Also ist die gegenwärtige sichtbare Gemeinde in zweifacher Hinsicht heilig. Einerseits, ist sie heilig, weil sie in der Heiligung begriffen «täglich fortschreitet und, solange sie auf der Erde lebt, noch nicht vollkommen ist»[15] und andererseits ist sie heilig, weil sie durch Gottes Gnade gerechtfertigt jetzt schon Erbin der Vollendung von Gottes Heilswerk in Christus ist.[16]

Man kann diese hier erkennbare Dialektik von Rechtfertigung und Heiligung in allen Artikeln der Theologie entdecken. Die Ekklesiologie zeichnet aus, dass sie die Grundspannung der christlichen Lebenspraxis mit anderen Spannungen des Glaubens vermittelt und mit Blick auf die Sozial-, Rechts- und Feiergestalt des Glaubens auslegt. Der Begriff der entstehenden Gemeinde lässt sich darum gut mit der Charakterisierung der «äusseren» und «inneren» Kennzeichen der Kirche zusammendenken:

> Das «Äussere», im geschöpflichen Bereich phänomenal erfassbare, existiert um des «Inneren», des mit Gott verbindenden Geistwirkens willen und empfängt von dieser Zielbestimmung her Legitimation und Kriterium seiner Gestaltung, während das Innere diese zu bestimmen und auszufüllen trachtet, ohne es allerdings hinter sich lassen zu wollen. So schenkt Bullinger der konkreten Ausgestaltung des christlichen Gemeindelebens in den durch Gottes Wort vorgezeichneten Linien auch in den Dekaden Beachtung und relativiert zugleich alle sich auf «externae notae» berufende kirchliche Institutionen.[17]

3.3 Vermittlung – Alexander Schweizer

3.3.1 Zürich im 19. Jahrhundert – ein Pulverfass

Mit dem zweiten Vertreter der «Zürcher Schule» springen wir ins 19. Jahrhundert und überspringen nicht nur Jahrhunderte, sondern auch eine Wolke von Zeuginnen und Zeugen, die in einer geschichtlichen Darstellung der reformierten Kirchenlehre natürlich nicht fehlen dürften.[18] Rechtfertigen kann ich diese Lücke durch den Hinweis, dass die Zeit nach 1575 bis zur Revolution 1798 mit Blick auf das Verhältnis von Kirche und Gemeinwesen eine

---

[15] A. a. O., 432.
[16] A. a. O., 433.
[17] A. a. O., 434.
[18] Einen gerafften Überblick bietet Emidio Campi, Kirche und Theologie im Zürich des 19. Jahrhundert, in: Emidio Campi/Ralph Kunz/Christian Moser (Hg.), Alexander Schweizer (1808–1888) und seine Zeit, Zürich 2008, 59–76, hier 60–62.

Phase der Erstarrung gewesen war.[19] Für die Skizze der «Zürcher Schule» setze ich deshalb hier ein: in der Zeit nach der Französischen Revolution. Im 19. Jahrhundert wurde aus der Staatskirche eine Landeskirche. Der Umbau der Kirche ist mit dem Namen des Zürcher Theologen Alexander Schweizer verbunden. Schweizer wurde 1808 geboren,[20] wuchs in Murten auf, besuchte das Gymnasium in Biel und studierte Theologie in Berlin, Jena und Leipzig.[21] Prägend war die Begegnung mit Friedrich Daniel Ernst Schleiermacher. Schweizer, der neben Carl Imanuel Nitzsch der bedeutendste Schüler Schleiermachers war, blieb mit seinem Lehrer auch nach dem Studium verbunden.

Zwei Ereignisse prägten seine Biographie: erstens der sogenannte «Straussenhandel», der Ende der 1830er Jahre zum Sturz der Zürcher Regierung führte, und zweitens der mehrere Jahrzehnte schwelende Bekenntnisstreit, der weniger Ursache als Symptom der religiösen Richtungskämpfe war, die die Kirche vor eine Zerreissprobe stellten. Um den vermittelnden Beitrag Schweizers als Kirchenmann zu verstehen, muss der historische Hintergrund kurz ausgeleuchtet werden; sein Einfluss als Theologe (3.3.2) macht auch eine kurze Erläuterung zu Schleiermachers Religionstheologie nötig.

Die Beschäftigung mit der (jüngeren) Geschichte von Stadt und Kanton Zürich macht bewusst, wie eng verbunden deren soziale, religiöse und politische Entwicklungen mit der Kirche waren.[22] Die Stadt Zürich war zu Beginn des 19. Jahrhunderts ein Provinzstädtchen mit 10 000 Einwohnern – vergleichbar mit Basel und Bern. 1894 zählte Zürich 120 000 Einwohner. Das enorme Wachstum machte Zürich zum eidgenössischen Sonderfall. Die Industrialisierung liess die Stadt stark wachsen und führte zu enormen sozialen Spannungen. Die meisten Arbeiter lebten im 1893 eingemeindeten Aussersihl, wo 1876 die Kaserne als Symbol der Staatsmacht errichtet worden war. Gleichzeitig entstanden mit der Kantonsschule, dem Polytechnikum, den Gebäuden an der Bahnhofstrasse und dem Bahnhof Prestige- und Renommierbauten, die das Selbstbewusstsein der neuen Wirtschafts- und Bildungs-

---

[19] Campi, Kirche und Theologie, 60: «Was sich daraus entwickelte, kann mit Fug und Recht, auch mit einem durchaus kritischen Unterton als ‹Staatskirche› bezeichnet werden.» Vgl. auch die dort zitierte weiterführende Literatur.

[20] Das war mitten in der Mediation, also der zweiten Phase der französischen Herrschaft, die 1798 mit der Besetzung und der Helvetischen Revolution begann.

[21] Peter Alexander Schweizer, Alexander Schweizer (1808–1888). Ein Lebensbild, in: Campi/Kunz/Moser, Alexander Schweizer, 1–38.

[22] Carlo Moos und Emidio Campi zeichnen ein hoch konzentriertes und gleichwohl differenziertes Bild des politischen und religiösen Zürich im 19. Jahrhundert. Ich referiere Carlo Moos, Zürich im 19. Jahrhundert, in: Campi/Kunz/Moser, Alexander Schweizer, 39–58 und Campi, Kirche und Theologie.

elite demonstrierten. Während die reichen Bewohner aus der Innenstadt in die prächtigen Villen Richtung Enge und Hottingen flüchteten, kam die rechtsufrige Altstadt herunter. Im Winter 1865/66 nahm eine Typhusepidemie ihren Ausgang im Niederdorf, im Sommer 1867 brach die Cholera aus. Wo heute Edelboutiquen und Restaurants das Strassenbild bestimmen, lebte vor 150 Jahren das einfache Volk.[23]

Es gärte sozial, politisch und religiös. Zürich war ein Pulverfass. Die entscheidende revolutionäre und politisch erfolgreiche Kraft entwickelten die Liberalen. In den 1830er Jahren kam es in grossen Teilen der Schweiz zu einer Verfassungsbewegung. Sie richtete sich gegen die Restauration und forderte für die Kantone Volkssouveränität und Repräsentationsprinzip. Es waren die Grundanliegen der liberalen Bewegung, die eine neue politische Öffentlichkeit schuf. Turnvereine, Schützenvereine oder Sängervereine – ja das Vereinswesen generell war ein wichtiger Motor. Auch der «Ustertag» am 22. November 1822 war eine eindrückliche Volksdemonstration. Er gab den Anstoss zur ersten liberalen Zürcher Staatsverfassung von 1831.

Gleichzeitig verschärften sich zunehmend die Konflikte zwischen der fortschrittlichen Stadt und dem konservativen Land. Carlo Moos spricht von einer «Radikalisierung» und «Fundamentalisierung».[24] 1834, ein Jahr nach der Gründung der Universität Zürich, stürmten Bauern das Schulhaus Stadel, um die neuen «gottlosen» Lehrmittel aus dem Fenster zu werfen. Sie protestierten gegen den Umbau der Volksschule, der von der liberalen Regierung im forschen Tempo vorangetrieben wurde.[25] Der «Stadler Handel» ist ein Vorbote des «Straussenhandels»! Am 26. Januar 1839 beschloss der Erziehungsrat durch Stichentscheid, den Autor des Buches «Das Leben Jesu, kritisch bearbeitet», David Friedrich Strauss, als Theologieprofessor nach Zürich zu berufen. Der Entscheid fiel gegen den Willen der Geistlichkeit und gegen die Empfehlung der Theologischen Fakultät. Verfasser des Schreibens aus der Fakultät war kein anderer als Alexander Schweizer. Sein weiser Rat, man möge Strauss eine Professur für Philosophie geben, schlug die Regierung in den Wind. Die Sache nahm ihren Lauf. Es kam zum Aufstand der ländlichen Zürcher Bevölkerung. Tausende strömten in die Stadt. Am Abend des 6. September putschten 10 000 Landleute in «betender Aufruhr» die Regierung.[26]

23   Moos, Zürich im 19. Jahrhundert, 39f.
24   A. a. O., 46.
25   Campi, Kirche und Theologie, 64.
26   A. a. O., 48f.

Der «Sieg der Religion» sollte aber nicht lange Bestand haben. Die 1839er-«Gegenrevolution» war eine Episode. Es kam die Bundesstaatsgründung 1848 und dann die Jahrzehnte, in denen die entstehenden «Finanz-, Industrie- und Eisenbahnbaronien» in Zürich den Ton angaben.[27]

3.3.2 Die Gründung der Landeskirche

Der Einfluss der Religion auf die politischen Ereignisse ist aus heutiger Sicht bemerkenswert. Carlo Moos spricht vom «Kontext einer weitgehend pietistisch geprägten Volksfrömmigkeit»,[28] die einen starken Kontrast zur liberalen Grundstimmung in der Stadt und Regierung bildete. Tatsächlich wurde die Lage immer verfahrener. Es war weit mehr als ein Stadt-Land-Konflikt. Die Anfragen der Reformer an die Grundlagen des Glaubens waren so radikal, dass keine Verständigung möglich schien. Auf der einen Seite waren die «Positiven» oder «Orthodoxen» und auf der anderen Seite die «Freisinnigen» oder «Reformer».[29] Der erbitterte Streit entzündete sich an der Auslegung der altkirchlichen Bekenntnisse. Die Positiven beharrten auf ihrer Gültigkeit und verteidigten die kirchliche Auslegung. Die Liberalen suchten die Versöhnung zwischen Christentum, Wissenschaft und Kultur und befürworteten eine symbolische Auslegung.[30] In dieser Auseinandersetzung erfuhr auch die Theologie eine «Radikalisierung» und «Fundamentalisierung». Alles sprach dafür, dass in Zürich (und anderen Orten der Schweiz) das eintreten werde, was in dieser Zeit in anderen reformierten Ländern wie Schottland oder Holland geschah: eine Spaltung der Landeskirche in Bewahrer und Reformer.

Zweierlei gab den Ausschlag, dass es nicht dazu gekommen ist. Es gab in diesen Richtungskämpfen die mittlere Position der Vermittler. Zu nennen ist auf Seite der Kirche der letzte Antistes des Grossmünsters, Diethelm Georg Finsler (1819–1899), und auf Seiten der Theologie Alexander Schweizer. Ausserdem änderte sich mit dem Kirchengesetz vom 29. Oktober 1831 der Status der Kirche markant. Paragraf 1 des Gesetzes hält fest:

> Die Zürcherische vom Staat anerkannte Landeskirche ist die Gesammtheit aller zur christlichen Religion nach dem evangelisch-reformirten Lehrbegriffe sich bekennenden Einwohner des Cantons.[31]

---

[27] Zum «Escher-System» und seinem Ende vgl. Moos, Zürich im 19. Jahrhundert, 52.

[28] A. a. O., 48.

[29] Vgl. dazu Peter Schweizer, Freisinnig, Positiv, Religiössozial. Ein Beitrag zur Geschichte der Richtungen im Schweizerischen Protestantismus, Zürich 1972.

[30] Vgl. dazu Campi, Kirche und Theologie, 70–73.

[31] Kirchengesetz 1831, §1, zitiert nach Campi, Kirche und Theologie, 65.

Die staatliche Anerkennung war damals noch eine staatliche Aufsicht, garantierte der Landeskirche aber auch eine Teilautonomie in ihren inneren Angelegenheiten.[32] Entscheidend und für die Folgezeit bedeutsam ist die Konstituierung der Kirchgemeinde als eigene Rechtsgrösse. Der Kirchgemeinde obliegt die Wahl des Pfarrers. Eine Konsequenz der staatsanalogen Struktur war denn auch die Fortsetzung des Richtungsstreites auf der Ebene der Gemeinde und der Synode. Fortan gab es liberale und positive Gemeinden.

3.3.3 Der Einfluss von Schleiermachers Glaubenslehre

Für Alexander Schweizers vermittlungstheologische Position ist der Einfluss seines Lehrers Schleiermacher entscheidend. Am besten erschliesst sich dessen Ansatz, wenn man mit der in «Über die Religion. Reden an die Gebildeten unter ihren Verächtern» entfalteten Einsicht beginnt, dass das Wesen der Religion weder als Dogma noch als Moral hinreichend erfasst werden kann. Religion ist vielmehr Anschauung und Gefühl des Universums und unabhängig von der jeweiligen Lehre. Sie ist eine zutiefst in der Seele jedes Einzelnen verwurzelte umfassende Erfahrung der Menschheit. In der theologischen Entfaltung dieses Gedankens bestimmt Schleiermacher in seiner Glaubenslehre den Glauben als Gefühl der schlechthinnigen Abhängigkeit des endlichen Selbst vom Unendlichen. Wann immer diese Abhängigkeit ausgedrückt wird, wird Religion religiös. Im Ausdruck wird sie als Erregung spürbar und kommunizierbar. Religion ist also immer schon da. Man muss und kann sie nicht erzeugen. Aber sie braucht einen Virtuosen, der etwas von der Kunst versteht, die religiösen Gefühle darzustellen.

Die kurze Beschreibung macht deutlich, dass die Kirche auf dem Boden der Schleiermacher'schen Glaubenslehre auf einem Fundament zu stehen kommt, das grösser und umfassender ist als dasjenige, das wir bei Bullinger kennen gelernt haben. Wer danach fragt, wie Gemeinde entsteht, antwortet mit Referenz auf die reformierten Bekenntnisse *christologisch*. Kirche ist eine Gemeinschaft mit Gott in Christus. Schleiermacher beantwortet die Frage *anthropologisch*. Aus der durch Christus vermittelten Geistgemeinschaft wird eine *religiöse Gemeinschaft*.

Schweizer wäre kein Vermittlungstheologe, wenn er sich mit diesem Nebeneinander zufrieden gäbe. Auch er verfasste eine Glaubenslehre.[33] Er fragt,

---

[32] Kirchengesetz 1831, §5, zitiert nach Campi, Kirche und Theologie, 65: «Die Zürcherische Kirche ist nach ihrem inneren Wesen und Wirken selbständig, äusserlich aber dem Staat untergeordnet und steht unter seiner Aufsicht.»

[33] Alexander Schweizer, Die Christliche Glaubenslehre nach protestantischen Grundsätzen, Erster Band oder Allgemeiner Theil, Leipzig 1863.

wie man von der Weite zur Mitte des christlichen Glaubens kommt und welche Verbindungen sich von der Mitte in Christus zum Allgemeinreligiösen und -menschlichen ziehen lassen. Die Antworten, die Schweizer auf diese Fragen findet, sind nicht meine Antworten.[34] Wichtig finde ich aber, das Anliegen der Vermittlung aufzunehmen und mit der Frage zu verknüpfen, wie Gemeinde entsteht.

Schweizer folgt Schleiermachers Unterscheidung von Gemüt und Dogma. Glaubensgewissheit ist für ihn nicht identisch mit dem äusserlichen Fürwahrhalten überlieferter Glaubenssätze. Mit Blick auf das Dogmensystem formuliert Schweizer das Problem in grandioser Prägnanz wie folgt:

> Einst haben die Väter ihren eigenen Glauben bekannt, jetzt hingegen müht man sich ab ihre Bekenntnisse zu glauben. Mit dem Apostel konnten sie sprechen: «Ich glaube, darum predige ich», jetzt aber hat sich Vielen auch dieses umgekehrt zum stillen Geständnis: «Ich bin ein Prediger, Theologe, Gemeindeglied, darum glaube ich oder muss mich bemühen glauben zu können.» Wer sich dieses auferlegt und es durchsetzt, wird was er sein Gläubigsein nennt als ein sauer errungenes Werk und Verdienst ansehen […]. Diese Thatsache aber sollte jedes Glied der evangelischen Kirche auffordern, das Seinige zu thun um eine Heilung so krankhafter Zustände herbeizuführen.[35]

Das ist ein Credo! Es ist das Zeugnis eines Befreiten, der gegen «das bloss amtlich veranlasste Sichaufnöthigen eines Dogmensystems» und die Kritik der «Selbstüberlistung oder Selbstvergewaltigung» protestiert.[36] Die Symbole werden als historische Texte gelesen. Sie bilden zwar das Fundament, auf dem das Haus der Reformierten steht, aber wir wohnen im Haus und nicht in den Fundamenten.

3.3.4 Der Bekenntnisstreit

Der Bekenntnisstreit ist gewissermassen ein Schulbeispiel der Zürcher Kirchen- und Theologiegeschichte. Sein Ausgang hat Konsequenzen bis in die Gegenwart. Während die sogenannte Bekenntnisfreiheit von den Einen wie ein Bekenntnis verteidigt wird, sehen andere darin ein Relikt, das man in der historischen Distanz würdigen kann, aber eigentlich überwinden sollte.[37] Ich

---

[34] Vgl. dazu die kritische Würdigung von Ingolf Dalferth, Alexander Schweizer als Schüler Schleiermachers und Religionsphilosoph, in: Campi/Kunz/Moser, Alexander Schweizer, 189–206.

[35] Alexander Schweizer, Glaubenslehre, Bd. 1, Leipzig 1863, IIIf.

[36] A. a. O., 31, zitiert nach Gebhard, Bekenntnisfreiheit.

[37] Vgl. dazu Matthias Krieg (Hg.), Reformierte Bekenntnisse. Ein Werkbuch, Zürich 2009

neige zu letzterer Ansicht und formuliere das Problem mit Hilfe Schweizers: «Vor 150 Jahren hat sich die Kirche zur Bekenntnisfreiheit bekannt, jetzt sollte sich wieder darum bemühen, ihre Bekenntnisse zu interpretieren.»

Die Alternative zur Bekenntnisfreiheit heisst also nicht Bekenntniszwang. Das ergibt heute so wenig Sinn wie damals. Vielmehr geht es darum, den Geltungsanspruch der Glaubensgrundlagen der evangelisch-reformierten Landeskirche zu verstehen. Rudolf Gebhard, der die Geschichte und die theologischen Hintergründe der Auseinandersetzungen um das Apostolische Glaubensbekenntnis in der Deutschschweiz von 1845 bis zur Aufhebung des Bekenntniszwangs 1880 untersucht, zeichnet den Verlauf des Streits und dessen dogmatische, praktische und rechtliche Konsequenzen nach.[38] Es lohnt sich, die Rolle Alexander Schweizers im Bekenntnisstreit zu beleuchten.[39]

Der Konflikt um das Apostolikum entbrannte, als 1830 eine neue Liturgie erarbeitet wurde. Das Taufformular enthielt das traditionelle Symbol. Die Liberalen wehrten sich dagegen. Widerstand erregten u. a. die Jungfrauengeburt, die Höllenfahrt Christi und die Formel der Gemeinschaft der Heiligen. Der Streit hatte zwei Ebenen. Gestritten wurde einerseits darüber, ob man glauben kann, was das Symbol sagt, und ob andererseits ein Pfarrer das Apostolikum verwenden muss, wenn er einen Säugling tauft. Es ging also nicht um einen eigentlichen Bekenntniszwang, sondern darum, ob die Liturgie verbindlich sein soll. Was war die Stellung Aexnader Schweizers?

1836 hielt Schweizer vor der Synode ein Referat zur Frage, «ob und inwiefern die aufzustellende Liturgie bindend sein solle oder nicht».[40] Seine Antwort ist typisch für den Vermittler. Er verneint den konträren Gegensatz. Er folgt darin einem Denkmodell, das, wie Gebhard herausstellt, schon in der Erstveröffentlichung auftaucht und später in verschiedenen Kontexten immer wieder begegnet.[41]

Schweizer unterscheidet zwischen einem kontradiktorischen und einem konträren Gegensatz. Das Kontradiktorische ist der Widerspruch, der sich nicht auflösen lässt, das Konträre sieht im Gegenpol das Eigentümliche, das

---

[38] Rudolf Gebhard, Umstrittene Bekenntnisfreiheit, Der Apostolikumstreit in den Reformierten Kirchen der Deutschschweiz im 19. Jahrhundert, Zürich 2003.

[39] Vgl. dazu Rudolf Gebhard, Alexander Schweizer als Vermittler in den Richtungskämpfen und als Vordenker des ökumenischen Gedankens, in: Campi/Kunz/Moser, Alexander Schweizer, 77–92, hier 82f.

[40] Alexander Schweizer, Wiefern die Liturgischen Gebete bindend sei sollen; ein den 27. April 1836 der Zürcherischen Synode vorgetragener Kommissional-Antrag, Zürich 1836, 5, zitiert nach Gebhard, Schweizer als Vermittler.

[41] Gebhard, Schweizer als Vermittler, 80. Vgl. Alexander Schweizer, Kritik des Gegensatzes von Rationalismus und Supranaturalismus, Zürich 1833.

positive wie negative Züge ausweist. «Die Wahrheit liegt weder an dem einen Ende der Linien noch in der Mitte der beiden Gegensätze, in einem Kompromiss oder der Suche nach dem kleinsten gemeinsamen Nenner.» Vielmehr bedeutet Vermittlung, «zunächst die Profilierung der Stärke und Eigenart der gegensätzlichen Positionen».[42] Denn die «absolut vollkommene Auffassung» einer Sache ist keinem Menschen in Raum und Zeit gegeben. Sie ist Gott allein möglich. Also gebe es nur ein relatives Gleichgewicht zwischen den Gegensätzen.[43]

Im Bekenntnisstreit bezog sich die Verneinung des Gegensatzes eigentlich auf das Bekenntnis, wurde aber als Frage der Verbindlichkeit der Liturgie abgehandelt. Freiheit und Gebundenheit sei nun aber ein konträrer und kein absolut kontradiktorischer Gegensatz, weil die Gebundenheit der Liturgie die Freiheit der Predigt ergänze. In seiner Homiletik befürwortet Schweizer die Lehrfreiheit des Predigers. Die Bindung an eine Liturgie, die die Einheit der Kirche widerspiegle, schütze dagegen die Gemeinde vor der theologischen Willkür der Pfarrer.[44]

Und wie ist die Sache ausgegangen?

Am Ende hat die Synode die Zahl der Formulare erhöht. Vielleicht war das eine salomonische Entscheidung? Die Pfarrer hatten die Wahl. Sie durften mit oder ohne Apostolikum taufen. Und vielleicht ist es bezeichnend, dass Schweizers Vermittlungsversuch, wenn man seinen Vorschlag der verbindlichen Liturgie als Vorschlag für *eine* Liturgie interpretiert – wie schon der kluge Ausweg im Straussenhandel – nicht erfolgreich war. Die Lösung ist also doch ein Kompromiss.

3.3.5 Das liberale Credo

Was lehrt uns Alexander Schweizer? Er zeigt, wie in der Kirche gestritten werden kann, wenn Kontroversen anstehen. Schweizer vertritt das liberale Credo und bekennt sich zur Konziliarität (s. o. 2.2.3)! Diese Liberalität bezieht sich freilich auf die Organisationsform der Kirche. Sie ist nicht mit einer liberalen theologischen Position zu verwechseln. Schweizer selbst distanzierte sich von extremen liberalen Positionen, ist aber tendenziell diesem

---

[42] Gebhard, Schweizer als Vermittler, 81.
[43] Gebhard, Schweizer als Vermittler, bezieht sich auf Schweizer, Kritik des Gegensatzes, 25.
[44] Gebhard, Schweizer als Vermittler, 83, bezieht sich auf Schweizer, Wiefern die Liturgischen Gebete, 22.

Lager zugeneigt – auch wenn «[s]ein Platz [...] ein wenig abseits der sonst damals in Zürich üblichen liberalen Theologie [war]».[45]

Inhaltlich finde ich Schweizers Vermittlungstheologie langweilig. Sein *Vermittlungsverfahren* hingegen ist ekklesiologisch interessant. Die Kritik des Gegensatzes enthält eine Anleitung für das Austragen inhaltlicher Kontroversen. Sie verlangt die Anhörung des Gegners, verlangsamt das Tempo der Entscheidung und hofft auf den Fortschritt der Menschheit im Allgemeinen und der Christenheit im Besonderen. Natürlich ist dieser Fortschrittsglaube, genauso wie der ganze religionsphilosophische und theologische Unterbau des Verfahrens, sehr fragwürdig.[46] Als Verfahren behält die kritische Vermittlung aber dort ihr relatives Recht, wo sie die Überwindung des autoritären Kirchensystems als Fortschritt bewertet.

> Die Entwicklung der menschlichen Gesellschaft geht ja dahin, dass man sich von althergebrachtem Zwang befreie; aber dies negative Streben ist nur ein mit vielen Verwirrungen verbundener Durchgangszustand. Beweisen wir heute, dass wir unserem Volke in schneller Überwindung dieser Durchgangsstufe voranschreiten und der höhern Bahn machen, die darin besteht, einen Zwang, den man früher halb unbewusst und darum mit vielen Unsittlichkeiten vermischt, sich fügen musste, zu verwandeln in die geläuterte, freiwillig von den Individuen zum Besten der Gemeinschaft übernommene, sittliche Gebundenheit.[47]

Das relative Recht dieser Position ist das ihr inhärente Toleranzmodell. In seiner klugen Würdigung von Schweizers Vermittlungstheologie sieht Rudolf Gebhard zu Recht deren ökumenisches Potenzial.[48] Ich meine, man könne es auch mit Blick auf die innerreformierte Ökumene nutzen.

3.4 Wegbereitung für das Reich Gottes – Leonhard Ragaz

3.4.1 Gerechtigkeit

Wenn Schweizer der klug vermittelnde Schriftgelehrte war, so war Leonhard Ragaz der Prophet: ein Rufer in der Wüste. Für Ragaz' Aufnahme in der Ahnengalerie der «Zürcher Schule» spricht einerseits seine Christentums- und Kirchentumskritik und andererseits sein Eintreten für neue Formen christlicher

---

[45] Schweizer, Freisinnig, Positiv, Religiössozial, 215, zitiert nach Campi, Kirche und Theologie, 73.
[46] Dalferth, Alexander Schweizer, 206.
[47] Schweizer, Wiefern die Liturgischen Gebete, 52, zitiert nach Gebhard, Schweizer als Vermittler, 83.
[48] Gebhard, Schweizer als Vermittler, 91f.

Vergemeinschaftung. Es ging zu Beginn des 20. Jahrhunderts nicht mehr um Vermittlung im religiösen Richtungsstreit, der im 19. Jahrhundert die Kirche so tief gespalten hat. Was Ragaz umtrieb, war die sogenannte soziale Frage.[49] Diese Formel war seit Mitte des 19. Jahrhunderts ein Kampfbegriff der Sozialdemokraten, um die Missstände der industriellen Revolution anzuprangern. 1904 verwendete Ragaz' Lehrer und Mentor, Hermann Kutter, den Begriff in seiner Kampfschrift «Sie müssen».[50] Er verweist seinerseits auf das Buch von Francis Greenwood Peabody «Jesus Christus und die soziale Frage»[51] – um sich gegen das «und» im Titel auszusprechen. Die soziale Frage, so lautet das Credo des Pfarrers in der Zürcher Neumünstergemeinde, *ist* eine religiöse Frage. Er nennt die (erwartete) sozialdemokratische Revolution ein kommendes Ereignis, das ein Gericht über die Welt bringe. Denn die Sozialdemokraten seien ein Werkzeug Gottes und werden darum auch zum Gericht für die Kirche, die das Eine, das nottut, nicht erkennen wolle. Die soziale Frage sei aber Gottes ureigenste Sache. Das zeichne die Sozialdemokratie aus. Sie stehe für diese «eine Sache» ein. Darum «müssen» sie tun, was eigentlich Sache der Kirche sei, sagt Kutter.[52]

1907, drei Jahre nach dieser Brandrede, wurde der Freundeskreis der religiös-sozialen Bewegung gegründet. Schon bald wuchs die Schar der Bewegten, die sich als Pfarrer und Theologen für die Sozialdemokratie aussprachen oder – wie der jüngere Christoph Blumhardt – in die Partei eintraten. Es waren dramatische Zeiten: der Erste Weltkrieg, die russische Revolution und der Generalstreik brachten die Schweiz an den Rand eines Bürgerkriegs. Danach kamen die Wirtschaftskrise und der aufkommende Faschismus.

3.4.2 Ragaz – ein Zwinglianer

Ragaz blieb der Grundüberzeugung Kutters treu. Im Rückblick schrieb er: «Die soziale Not war vor allem auch ein Ausdruck der religiösen Not. In der

---

[49] Einige Hinweise auf Literatur verdanke ich der kleinen und feinen Broschüre von Christian Zangger, Schweizerische Reformierte Theologie im 20. Jahrhundert, Zürich 2004.

[50] Hermann Kutter, Sie müssen. Ein offenes Wort an die christliche Gesellschaft, Berlin 1904.

[51] A. a. O., 185. Peabody gehörte zur Bewegung, die im englischsprachigen Raum Social Gospel genannt wird. Kutter bezeichnet den Bostoner Unitarier Peabody fälschlicherweise als Engländer.

[52] A. a. O., 29. Das erklärt auch den etwas rätselhaften Titel. «Sie müssen» bezieht sich auf die Sozialdemokraten, die gar nicht anders könnten, als gegen die bestehenden Verhältnisse zu revolutionieren, weil Gott sie dazu auserwählt habe. «Man sieht, dass sie [die Sozialdemokratie] revolutionär sein muss, eben deshalb, weil sie sein muss.» (93) In Kutters «Wir Pfarrer» (Leipzig 1907) war der Gottesbezug noch deutlicher markiert. «Tun können wir überhaupt nichts, empfangen müssen wir. Von Gott selbst empfangen, was uns fehlt.» (26)

sozialen Krise pochte Gott an die Tore einer Welt, die ihn vergessen hat.»[53] Gleichwohl sah sich Leonhard Ragaz genötigt, sich von seinem Lehrer zu distanzieren. Interessant ist die Begründung. Für Ragaz stand Kutter mit seinem Pathos für das Göttliche näher bei Luther. Er selber sah «im reformierten Christentum, wie es sich in Zwingli, aber mit noch viel grösserer weltgeschichtlicher Bedeutung in Calvin darstellte»,[54] die geistigen Fundamente der Schweiz.

Kritiker können im Zwinglibild von Ragaz sozialromantische Züge ausmachen. Aber er bezieht sich sicherlich zu Recht auf den Zürcher Reformator, wenn er die *Gerechtigkeit* und das *Gemeinwohl* ins Zentrum seiner Theologie rückt. Sowohl Zwinglis Vorstellung des Wächter- und Hirtenamts[55] wie seine Lehre von der göttlichen und menschlichen Gerechtigkeit berühren sich mit dem Thema, das Ragaz stärker umtreibt als Kutter. Es ist das *Reich Gottes*, das er «als Kern und Stern der Bibel und der Sache Christi»[56] ins Zentrum seines theologischen Denkens stellt. Dass die soziale Frage zum Anliegen der Kirche werden müsse, davon war Ragaz überzeugt. Das Reich Gottes übersteigt und überschreitet aber die Grenzen des Kirchentums! Es ist eine Kraft und eine Macht, die sich weder institutionell fixieren noch religiös definieren lässt. Mehr noch: Religion und Reich Gottes bilden einen Gegensatz. Gott selbst kämpft gegen seine Vergötzung an. Ragaz' Kirchenkritik ist Religionskritik, seine Religionskritik ist Gesellschaftskritik. Darum ist das Reich Gottes ein Kampf, der in der *Welt* – also in Politik und Gesellschaft und nicht nur in der Kirche – ausgetragen werden muss.[57]

3.4.3 Reich Gottes kontra Kirche

Kann man Ragaz allen Ernstes einen Lehrer der Kirche nennen? Sagen wir es so: Wir müssen! Wenn wir die Bibel im Ragaz'schen Sinn «befreiungstheologisch» lesen, erscheint der Zug ins Politische, Genossenschaftliche und Gesellschaftliche in seinem Denken zunächst als Frucht seiner engagierten Bibellektüre.[58] Man kann auch die Parteinahme für die prophetische Lesart als

---

[53] Leonhard Ragaz, Mein Weg, Zürich 1952, 240.
[54] A. a. O., 22.
[55] Vgl,. dazu Hans Scholl, Nit fürchten ist der Harnisch: Pfarramt und Pfarrerbild bei Huldrych Zwingli, in: Zwingliana 19 (1992), 361–392. Scholl zeigt, wie stark Zwinglis Vorstellungen einer rechten Kirchenreform vom Gedanken des «bonum commune» geleitet waren.
[56] Ragaz, Mein Weg, 230.
[57] Leonhard Ragaz, Weltreich, Religion und Gottesherrschaft, Bd. 2, Erlenbach-Zürich 1922, 135, zit. nach: Zangger, Schweizerische Reformierte Theologie, 12.
[58] Zur Hermeneutik der «engagierten Lektüre» vgl. Helmut Schwier, Von Gott reden – die Menschen ansprechen, in: Lars Charbonnier u. a. (Hg.), Homiletik, Göttingen 2012, 50–67.

konsequente Weiterführung der Reformation interpretieren. Vielleicht verdeckte die Parteinahme für den Sozialismus diesen viel grundsätzlicheren Bezug zur Polis, für den sich ja sowohl die liberalen als auch die positiven – freilich mit unterschiedlichen Agenden – ausgesprochen haben.[59] Das religiös-soziale Credo lässt sich denn auch weder dem einen noch dem anderen Lager zuordnen. Es ist fromm und weltlich. Die Grundüberzeugung lässt sich mit einer anderen, ideologisch weniger belasteten Begrifflichkeit besser fassen: Die Kirche ist öffentlich und die christlichen Gemeinden sollen keine religiösen Sonderbezirke sein. Diejenigen, die zuerst nach dem Himmelreich trachten (Mt 6,33), sind Bürgerinnen und Bürger, die der Stadt Bestes suchen (Jer 29).

Zweierlei ist durch den Bezug zum Reich Gottes gewonnen und der entstehenden Gemeinde gleichsam eingeschrieben: Sie ist nur dann Gemeinde der Heiligen, wenn sie das eigene Kirchentum relativiert und sie kann nur dann Kirche im Sinne Jesu sein, wenn sie sich dem ganzen Volk zuwendet. Das ist nicht nur eine Frage der sozialen Gerechtigkeit. Jesus ist auch «der endgültige Begründer der Demokratie». Schliesslich soll auch das Laientum zu seinem Recht kommen.[60]

Leonhard Ragaz hat diese auf das Kirchliche zugespitzte Religionskritik nicht erfunden. Sie ist auch kein reformiertes Sondergut. Ich habe auf Paul Tillichs «protestantisches Prinzip» verwiesen. Was Ragaz auszeichnet, ist eine *entschiedene Weitung* der Ekklesiologie zu einer «Reich Gottes»-Theologie und «Volk Gottes»-Ekklesiologie. Die starke Betonung der prophetischen Traditionslinie kann als Fortsetzung und als freie Erweiterung der reformatorischen Bibellektüre gelten.[61] Man kann hier durchaus eine gewisse Einseitigkeit erkennen. Aber – und das ist der zweite Charakterzug einer von Ragaz inspirierten Ekklesiologie – diese Einseitigkeit ist letztlich die Frucht eines biblisch fundierten und zutiefst geistlichen Engagements für das Reich Gottes. Wer Ragaz hier, wo er eine Brücke zur Welt schlägt, Weltfremdheit

---

[59] Man hat Ragaz vorgeworfen, den Reich-Gottes-Gedanken ideologisch verengt zu haben. Arthur Rich hat diese Kritik relativiert. Eine Verengung sei dort feststellbar, wo der Bezug auf Gott-hin den Bezug von Gott her verdrängt habe. Vgl. dazu Dittmar Rostig, Art. Leonhard Ragaz, in: TRE, Bd. 28, Berlin/New York 1997, 106–110, hier 109.

[60] Leonhard Ragaz, Die Bibel – Eine Deutung, Bd. 5: Jesus, Zürich 1949, 175f.: «Gott und das Volk kommen wieder zusammen.»

[61] Zum Selbstverständnis des Prophetischen vgl. Ralph Kunz, Zwingli als Prediger, in: Göttinger Predigtmeditationen 96 (2007), 119–128.

unterstellt, hat ihn entweder nicht gelesen oder das Gelesene nicht begriffen.[62]

3.5 Das Missverständnis der Kirche – Emil Brunner

3.5.1 Der missverstandene Brunner

Sie kannten sich alle – Hermann Kutter, Leonhard Ragaz, Karl Barth und Emil Brunner – und gingen dann doch getrennte Wege! Haben sie sich missverstanden? Waren die Differenzen wirklich so gross? Gewisse Konflikte sind aus heutiger Sicht nur schwer nachzuvollziehen. Die Geschichte der Theologie am Anfang des 20. Jahrhunderts ist in der Tat eine Geschichte heftiger Auseinandersetzungen – auch um das rechte Verständnis der Kirche. Dabei darf man nicht vergessen, warum die *rabies theologorum* vor allem in den 1910er bis 1940er Jahren so heftig war. Wie würden wir theologisieren, wenn die Welt in Flammen steht und die Armee auf das eigene Volk schiesst?

Es waren dramatische Zeiten. Das gilt auch für den Hintergrund von Emil Brunners Vortrag im Kantonal-Zürcherischen Pfarrverein, auf den ich ausführlicher eingehen werde.[63] Er wandte sich an die Pfarrerschaft, um die «unerledigte Frage der protestantischen Theologie» anzugehen: die Kirchenfrage. Die Protestanten und insbesondere die Reformierten hätten vergessen, was eigentlich Kirche sei, so Brunners provokative Grundthese. Das Referat wurde am 28. Mai 1934 gehalten. In Deutschland war der Kirchenkampf auf dem Höhepunkt; darauf nimmt Emil Brunner im Vortrag zwar mehrfach Bezug, ohne aber auf die kirchenpolitische Bedeutung näher einzugehen. Das ist bemerkenswert! Einen Tag nach dem Auftritt Brunners in Zürich fand in Barmen die Bekenntnissynode statt, an der die Barmer Erklärung beschlossen wurde, die Geschichte machen sollte.

Mit Karl Barth, der zusammen mit Hans Asmussen die Barmer Erklärung prägte und die Thesen mitformulierte, verband Emil Brunner eine Art Hassliebe. 1934 war ein Schicksalsjahr. Zwischen den beiden brach in diesem Jahr eine erbitterte Fehde über den sogenannten Anknüpfungspunkt aus. Brunners Anliegen einer christlichen Apologetik geriet dem einstigen Weggefährten in den falschen Hals.[64] Sie passte nicht zur Totalopposition gegen die «Binde-

---

[62] Ich empfehle die Lektüre von Ragaz' Auslegung der Versuchung Jesu (Mt 4,1ff.; Mk 1, ff.; Lk 4,1ff.) in: ders., Die Bibel, Bd. 5: Jesus, 24–31.

[63] Emil Brunner, Die Kirche als Frage und Aufgabe der Gegenwart, in: ders., Um die Erneuerung der Kirche. Ein Wort an alle die sie lieb haben. Bern/Leipzig 1934, 5–31.

[64] Karl Barth, Nein! Antwort an Emil Brunner (Theologische Existenz heute 14), München 1934.

strich-Theologie»,[65] einer Opoosition, die mit dem exklusiven Christusbezug der Kirche den Hoheitsanspruch anderer Mächte und Gewalten, vor allem aber Staat und Führer abwehren wollte.[66]

3.5.2 Kirche als Versammlung, Leib und Gemeinschaft

Die unterschiedlichen theologischen Gewichtungen und politischen Richtungen, die das Nebeneinander und Gegeneinander der beiden Theologen fortan prägen sollte, hatten verschiedene Gründe. Während Karl Barth in steter Nähe und Verbundenheit zur deutschen Kirche im Kampf gegen die Deutschen Christen verstrickt war, war Brunner stärker beeindruckt von der Frömmigkeit der Gruppenbewegung, die er schon im Studium in England kennen gelernt hatte. Emil Brunner war der Ökumeniker, der zeitlebens ein Kritiker der Kirche war und sich eher am Rand der Institution bewegte – und doch mittendrin agierte und rumorte. Das verband ihn mit Karl Barth, der auch ein Grenzgänger war und es verband ihn auch mit seinem Lehrer Leonhard Ragaz. Emil Brunner war und blieb – in dieser Hinsicht – ein Barth-Gefährte und ein Ragaz-Schüler.[67]

Wenn man so will: Brunner hatte eine Neigung zur Bindestrich-Theologie, die den Welt- und Lebensbezug des Glaubens stark machen wollte, aber auch eine radikale Seite, die ihn nach dem Ursprung hat fragen lassen. Seine Ekklesiologie war entsprechend weit, aber auch kritisch gegenüber dem be-

---

[65] Barths erste Absage an die «Bindestrich-Theologie» galt insbesondere den Religiös-Sozialen. Der Bruch erfolgte schon 1919 in Tambach. In seiner Rede «Der Christ in der Gesellschaft» (ediert in: Vorträge und kleinere Arbeiten 1914–1921, hg. von Hans-Anton Drewes, Zürich 2012, 556–598) trennt Barth scharf und konsequent Christus und das Reich Gottes von allen denkbaren menschlich konservativen oder revolutionären Bindungen. Der berühmte Satz in Tambach verweist aber auf eine Neuinterpretation der Reich-Gottes-Theologie: «Das Reich Gottes [...] ist eine Revolution, die *vor* allen Revolutionen ist, wie sie *vor* allem Bestehenden ist» (a. a. O., 577).

[66] Die erste These der Barmer Erklärung kann in diesem Sinn als ein antiapologetisches Statement gelesen werden, wenn es heisst: «Jesus Christus, wie er uns in der Heiligen Schrift bezeugt wird, ist das eine Wort Gottes, das wir zu hören, dem wir im Leben und im Sterben zu vertrauen und zu gehorchen haben. Wir verwerfen die falsche Lehre, als könne und müsse die Kirche als Quelle ihrer Verkündigung ausser und neben diesem einen Worte Gottes auch noch andere Ereignisse und Mächte, Gestalten und Wahrheiten als Gottes Offenbarung anerkennen.» Zur Geschichte der Barmer Thesen vgl. Eberhard Busch, Die Barmer Thesen 1934–2004, Göttingen 2004.

[67] Seine «Ablösung» vom Lehrer verlief anders als bei Barth. Frank Jehle, Emil Brunner. Theologe im 20. Jahrhundert, Zürich 2006, ist im Nachlass Brunners auf eine ausführliche Korrespondenz zwischen Ragaz und Brunner gestossen. Sie zeugt von einem intensiven Austausch.

stehenden Kirchentum. So urteilt sein Sohn Hans-Heinrich Brunner in seinem Buch über den Vater: «Sein Blick war [...] nicht auf den Bestand einer Institution, sondern auf die Erneuerung des christlichen Lebens gerichtet.»[68]

Im Unterschied zu Ragaz ist Brunner stark von der Luther-Rennaissence beeindruckt.[69] Der Vortrag im Kantonal-Zürcherischen Pfarrverein 1934 beginnt denn auch mit einem starken Lutherwort, das die Blindheit des Kirchenbegriffs beklagt.[70] Noch hat er keinen neuen Begriff – das sollte sich ändern – und er versucht sich deshalb in einer Klärung: «Man hat offenbar jahrzehnte- oder jahrhundertelang etwas Kirche genannt, was gar nicht Kirche ist, und man konnte das darum tun, weil man sich über den Inhalt dieses Wortes nicht klar war.»[71] Das ist die Ausgangslage oder besser: die Herausforderung, auf die Brunner antworten will. Den deutschen Kirchenkampf sieht er als Symptom für eine Krise, deren tieferliegender Grund die «Konfusion» von Volk, Kirche und Nation sei.

Eben diese Konfusion führt zu Zerrbildern. Sie lassen sich im Kontrast zu Idealbildern, die Brunner in einem ersten Schritt anhand dreier klassisch reformatorischer Definitionen erschliesst, deutlicher konturieren:

–   Kirche ist die *Versammlung der Auserwählten* (*coetus electorum*): Sie entsteht, weil einzelne Menschen berufen und herausgerufen werden. Darum heisst die Gemeinde «Versammlung» (*ekklesia*). Hier rückt der Einzelne ins Blickfeld. Für den Glauben muss man sich individuell entscheiden.

–   Kirche ist der *Leib Christi* (*corpus Christi*): sie ist eine Vereinigung mit Christus. Das will das Bild vom Leib sagen: Er ist das Haupt und wir sind – als Gemeinschaft – seine Glieder.

–   Kirche ist die *Gemeinschaft der Heiligen* (*communio sanctorum*) – sowohl als Individuen wie auch als Gemeinde und das heisst weder eine im

---

[68]   Hans-Heinrich Brunner, Mein Vater und sein Ältester. Emil Brunner in seiner und meiner Zeit, Zürich 1986, 248.

[69]   Es gibt etliche kritische Bemerkungen zu Zwingli und Calvin im Vortrag vor dem Pfarrverein. Der Hauptvorwurf an Zwingli: Er sei dem «spiritualistischen Missverständnis nahe, das die Kirche nur als Summe von Einzelnen» (a. a. O., 22) sieht. Das ist im Wesentlichen der Vorwurf, der sich wie ein roter Faden in der lutherischen Zwingli-Rezeption wiederfindet. Dass auch Barth seine Müh und Not mit Zwingli hatte, zeigt der instruktive Aufsatz von Peter Winzeler, Zwingli und Karl Barth, in: Zwingliana 14 (1987), 298–314.

[70]   Vgl. Martin Luther, Von den Konziliis und Kirchen, WA 50, 624f.: «Also schreien sie auch von der Kirche, aber sie sollten sagen, was doch, wer doch, wo doch die Kirche [...] Denn das Wort christliches heiliges Volk hätte klar und gewaltig mit sich gebracht beides, was Kirche und was nicht Kirche wäre.»

[71]   Brunner, Die Kirche, 5.

Korpsgeist zusammengeschweisste Truppe noch ein wilder Haufen von Individualisten. Beide, die kollektivistische wie die individualistische Fehlauslegung, werden durch das christliche Gemeinschaftskonzept korrigiert.

Es kommt also die Gemeinschaft der Heiligen *zwischen* der Gemeinde der von Christus Auserwählten und der mit Christus Vereinten zu stehen. Positiv gewendet bedeutet dies, dass die Kirche Liebesgemeinschaft wird durch die Teilhabe an Christus (das geschieht im Leib) und im Austausch der Geistesgaben (das geschieht in der Versammlung).[72]

3.5.3 Zerrbilder der Kirche

In einem zweiten Schritt zeichnet Brunner fünf Zerrbilder der Kirche. Indem er sagt, was Kirche nicht ist oder nicht werden soll, entsteht gleichsam in der Mitte der Zerrbilder wieder ein klareres Bild der wahren Kirche. Das dialektische Verfahren deckt Wahres auf. Denn es verzerren die Zerrbilder etwas, das ursprünglich unverzerrt gewesen ist.[73]

– Die *hierarchisch-klerikale Kirche* verzerrt den ursprünglichen guten Gedanken der Institution, die wie eine Mutter aller Gläubigen das Objektive und Öffentliche des Glaubens repräsentiert.[74] Verzerrt wurde diese Objektivität und Autorität durch die Hierarchisierung und die Anbindung an das priesterliche Amt. Eine unabhängig vom Glauben funktionierende Heilsanstalt kann aber nicht Kirche im Sinne Jesu sein.

– Der *orthodoxe Intellektualismus* ist eine Variante dieser Verzerrung: Nur ist es nicht das priesterliche Amt, das an die Stelle des wahren Haupts der Gemeinde tritt, sondern die korrekte Lehre. Der richtige und wichtige Gedanke, dass das Wort Gottes die Basis der Kirche ist, wird dahingehend verzerrt, als aus diesem Wort ein Ideologie wird, über die verfügt werden kann. Dieser Punkt ist Brunner besonders wichtig: Die rechte Lehre muss gelebt und geglaubt werden. Sonst nützt sie nichts!

– Der *subjektivistische Pietismus* ist der Pendelschlag in die andere Richtung. Er betont zu Recht das Erleben und Erfahren des Glaubens, identifiziert aber das Psychische mit dem Geistlichen. Brunner sieht darin einen «wesensmässig anhaftenden Pharisäismus», wenn sich die wahren Christusgläubigen selber von Scheingläubigen unterscheiden wollen.

---

[72] A. a. O., 7–9.
[73] A. a. O., 9–15.
[74] Das Bild der *mater ecclesia* hat biblische Wurzeln.

– Der *individualistische Spiritualismus* wiederum ist eine Verzerrung der Würde des Einzelnen. Aber das heisst nicht, dass eine Christin als Einzelkämpferin leben könnte. Der Spiritualismus kennt nur noch Solo- und Privatchristen, die sich nur dann mit anderen treffen, wenn sie es für gut befinden. Der Spiritualismus tendiert dazu, in eine individualistische Mystik umzuschlagen, die weder Bibel noch Gottesdienst noch Kirche nötig hat.[75]

– Das fünfte Zerrbild ist das der *theokratisch-utopischen Kirche*, die das Reich Gottes auf Erden vollenden soll. Das Wahre an diesem Irrtum: Das Reich Gottes ist im Kommen und die Kirche ist daran beteiligt. Sowohl die Gegenüberstellung als auch die Gleichstellung von Himmelreich und Kirche führen aber in Sackgassen.

3.5.4 Sichtbare und unsichtbare Kirche

Wenn der Vergleich der Zerrbilder der wahren Kirche deren «Wesensbild» deutlicher zum Vorschein bringen, stellt sich für Brunner die Frage nach der «Wirklichkeit» dieser Kirche um so dringlicher. Entsprechend eindringlich warnt er: «Wohlverstanden: wir fragen nicht nach einem Ideal!»[76] Denn genau das ist der Grund der Konfusion: dass mit der Unterscheidung einer sichtbaren Kirche, die unrein ist, und einer unsichtbaren Kirche, die rein ist, ein *doppelter Kirchenbegriff* eingeführt wird, der wahre und wirkliche Kirche wie zwei konzentrische Kreise denken lässt. Ihr wahres Wesen bliebe dann unberührt von der Hülle der Kirche. Sozusagen innen «fix» und aussen «nix».

Gegen diese Lehre wehrt sich Brunner. Er hält sie für eine «List des Teufels».[77] Sie verdrehe die richtige Einsicht, dass alle Gegenstände des Glaubens unsichtbar sind und nur Gott allein ein Urteil darüber zusteht, wer dazu gehört und wer nicht, zur Lehre einer prinzipiellen Unsichtbarkeit. Dass es tatsächlich eine verborgene Seite der Kirche gibt, wird dabei nicht in Zweifel gezogen. Brunner betont aber, dass die Gemeinschaft mit Gott als geschwisterliche Gemeinschaft der Menschen sichtbar werden soll. Die Kirche ist also ihrem Wesen nach «mit Vorbehalt sichtbar für den Gläubigen».[78] Denn es

---

[75] Ernst Troeltsch spricht in seinem Klassiker «Die Sozialgestalten des Christentums» von der «spiritualistischen Mystik». Die Troeltsche Typologie (und Idealtypik) hat Brunner zweifellos beeindruckt und beeinflusst. Vgl. dazu Kunz, Theorie des Gemeindeaufbaus, 196–218.

[76] Brunner, Die Kirche, 15.

[77] A. a. O., 16.

[78] A. a. O., 18.

kennen die Gläubigen einander und bezeugen in der Gemeinschaft ihren Willen, miteinander Austausch zu pflegen. «Die communio sanctorum ist wirkliche Lebensgemeinschaft im Heiligen Geist»[79] und keine platonische Idee. Sie nimmt als *communio* «den ganzen Menschen mit Leib und Seele in Anspruch». Darum ist die wirkliche Kirche auch die wahre Kirche: weil sie geglaubt und gelebt wird. Also ist auch die Gemeinschaft wie der Einzelne eine gerechtfertigte Sünderin. So ist sie auch für den Glaubenden sichtbar. Aber eben nur für den Glaubenden.

Diejenigen, die nicht glauben, sehen in der Kirche hingegen «nur» eine Religionsgemeinschaft. Das eigentliche Problem ist nicht diese Aussensicht – sie ist natürlich korrekt! Das eigentliche Problem der Kirche ist die Konfusion, die entsteht, wenn alle, die Mitglieder der Organisation sind, zu Gliedern der Kirche Christi gezählt werden und aus der Aussensicht eine Innensicht wird. Brunner ist an diesem Punkt dezidiert: Nur wer sagen kann, er oder sie gehöre zu Christus, kann auch der Kirche angehören. Eine Kirche, die Zugehörigkeit zur Kirche mit der Zugehörigkeit zu Christus gleichsetze, sei hingegen «unechte oder Scheinkirche».[80]

Was Emil Brunner seinen Pfarrkollegen vorträgt, ist heute wie schon damals starker Tobak und zeigt die Nähe zur erwecklichen Frömmigkeit der Gruppenbewegung.[81]

Das Kriterium der Zugehörigkeit zur Kirche ist absolut scharf und bestimmt, unzweideutig. Nur wer sagen kann: ich weiss, wer mein Erlöser ist, nur wer das aufrichtig, in herzlicher Busse und herzlichem Vertrauen sagen kann, ist Glied am Leib Christi und weiss es auch [...]. Nur die sind Kirche, die Christus in Busse und Glauben anrufen als ihren Herrn. Nicht das Getauftsein, das opus operatum des Sakraments, sondern erst die im Glauben bejahte Taufe macht den Christen.[82]

3.5.5 Kriterien der wahren Kirche

Gerät Brunner mit solchen scharfen Abgrenzungen nicht selbst in den Sog jenes «Pharisäismus», der dem «subjektivistischen Pietistismus» wesensmässig anhafte? Gewiss, Brunner geht nicht nur an die Grenze – er überschreitet

---

[79] A. a. O., 17.

[80] A. a. O., 19.

[81] In derselben Schrift erscheint auch das enthusiastische Zeugnis Brunners für die Gruppenbewegung: Die Gruppenbewegung als Frage an die Kirche, in: Brunner, Erneuerung der Kirche, 32–51. Es ist ein leidenschaftliches Plädoyer für ein praktisches Christentum. «Die Kirche muss nicht nur lehren und reden; sie muss gehen und im Gehen üben.» (51)

[82] Brunner, Die Kirche, 20.

bewusst die Grenze der Volkskirchlichkeit. Aber die Provokation ist gewollt. Sie ist ein Glied in der Argumentation. Er wendet sich gegen die klassische Definition der Confessio Augustana, Art. VII, nach der die rechte Predigt und der gültige Vollzug der Sakramente genügten, um die Kirche zu erkennen. Die Feststellung der *notae ecclesiae* sei insofern eine Irrlehre, als sie völlig unbiblisch und auch nicht im Einklang mit der Intention der Reformatoren sei. Man könne die Zeichen der wahren Kirche nicht auf eine Art blutleere Korrektheit reduziere. Luther wird zitiert, der sagt, dass das Wort gehört, geglaubt und getan werden müsse. Kirche ist das heilige Volk, das in der Heiligung steht und geht, fällt und wieder aufsteht.

Wer ist dieses Volk? Wenn die Unterscheidung der sichtbaren von der unsichtbaren eine Scheinlösung ist, muss das Verhältnis zwischen Kirchenvolk und Volk Gottes geklärt werden. Tatsächlich gibt es im lutherischen und zwinglischen bzw. calvinischen Protestantismus unterschiedliche Lösungen für dieses Problem. Luther war bekanntermassen der Überzeugung, dass eine Versammlung noch keine Gemeinde der Heiligen genannt werden könne, hielt aber gleichwohl an der Landeskirche als äusseren Form fest.

> Die Kirche solle doch nach dem ganzen Volk greifen – ohne dass doch das so umgriffene Volk deswegen Kirche ist; und sie soll die, die sich ihres Glaubens an Christus bewusst sind, sammeln, ohne dass doch diese Sammlung als solche die Kirche wäre.[83]

Für Brunner ist klar, dass die Abgrenzung der Bekenntniskirche in der Landeskirche zu Spannungen führen muss. Sowohl die pietistische Lösung der *ecclesiola in ecclesia*, die sich auf Luther beruft[84] als auch der puritanische Versuch, die Einheit von Bekenntnis- und Volkskirche durch rigide Kirchenzucht oder Gemeindezucht durchzusetzen, sei als gescheitert zu betrachten.[85] Brunners kann und will sich weder auf die eine noch auf die andere Seite schlagen. Ihm ist wichtig zu betonen, dass sich die Ausgangslage geändert hat, wenn nur noch eine Minderheit in der Kirche den Glauben bekennt.

3.5.6 Das Ende der Volkskirche

Unsere Lage kennzeichne, dass wir in einer vollkommen säkularen Gesellschaft lebten und es auch eine innere Säkularisierung der Kirche gebe, der

---

[83] A. a. O., 23.

[84] Dass diese Berufung zu Recht erfolge, ist allerding umstritten. Vgl. dazu Gudrun Neebe, Apostolische Kirche. Grundunterscheidungen an Luthers Kirchenbegriff unter besonderer Berücksichtigung seiner Lehre von den notae ecclesiae, Berlin/New York 1997, 139–144.

[85] Brunner, Die Kirche, 24.

mit richtiger Theologie allein nicht begegnet werden könne. Die Volkskirche überhaupt als Kirche im qualifizierten theologischen Sinne zu bezeichnen, sei ein «allerschwerstes Missverständnis».[86] Brunners Forderung geht dahin, dass die Reform der Theologie auch zu einer Reform der Kirchen führen müsse. Das eine dürfe nicht vom anderen getrennt werden. Wichtig ist ihm, dass man zwischen *Gemeindepflege* und *Gemeindeschaffung* unterscheide. Ersteres sei die klassische Gemeindearbeit, die davon ausgehe, dass die Gemeindeglieder mit Ernst Christen sein wollen.[87] «Die Kirche kann es sich aber nicht leisten, bloss die Glocken zu läuten und zu warten, bis die Menschen zu ihr kommen.»[88] Im Anschluss an die Reformatoren sei klar zu machen, dass Lehre und Leben zusammen gehören.

> Wenn es die erste Aufgabe der Kirche ist, dass sie wieder Kirche wird, so darf diese Aufgabe um keinen Preis als nur eine theologische, sondern sie muss als eine zugleich theologische und praktische aufgefasst werden.[89]

Entscheidend für Brunner ist nun, dass auch die zweite Aufgabe ins Auge gefasst wird. Es gehe darum, Gemeinden zu gründen. Die protestantische Kirche müsse zur Erkenntnis kommen, dass diese zweite Aufgabe Mittel und Wege erfordere, die sich erheblich von der Erneuerung der bestehenden Kirche unterscheiden. Sie dürfe nicht mehr die Fiktion des christlichen Volkes aufrechterhalten und in ihrem Aufbau und ihrem Handeln davon bestimmen lassen. «Denn die Kirche ist Missionskirche.»[90]

Für diese Aufgabe ist die Kirche aber noch nicht bereit. Voraussetzung dafür wäre, dass sie erkennt,

> [...] dass ihre ganze Einrichtung, ihre Ämterordnung, ihre organisatorische Struktur, die Ausbildung ihrer Diener, die Gestaltung ihrer Verkündigung usw. aus einer Zeit stammt, die diesen Dienst [sc. der Mission] eben nicht kannte.[91]

Propagiert Brunner das Ende der Volkskirche? Ja und nein. Er plädiert für eine Art *mixed economy* – ein Begriff, der im Zusammenhang der *Fresh Expressions of Church* (fxC) wichtig wurde. An dieser Stelle ist wichtig zu sehen, dass Brunner sich sehr wohl bewusst ist, dass sich die Grenzen nicht scharf ziehen lassen: weder die Grenze zwischen Christen und Heiden noch diejenige zwischen den beiden Aufgaben der Gemeindepflege und Gemein-

---

86 A. a. O., 25.
87 Dazu siehe oben, Kap. 1.1.1.
88 Brunner, Die Kirche, 28.
89 Ebd.
90 A. a. O., 29.
91 Ebd.

degründung. «Aber die Unmöglichkeit, die Grenze scharf zu ziehen, ist nicht gleichbedeutend mit dem Nichtvorhandensein der Verschiedenheit.»[92]

Wie aber sieht eine Kirche aus, die Gemeinden gründet? Sie wird mehr «mobile Stiftshütte» als «stabiler Tempel» sein, darum wissend, dass die klassische Botschaft der Kirche nicht mehr verstanden wird, weil bei den Adressaten die Voraussetzungen dafür fehlen. Weder auf ein Bekenntnis noch auf Schriftautorität noch auf die Liturgie kann sich diese Mission berufen. Die Kommunikation des Evangeliums ist essenziell, aber Verkündigung im Rahmen einer «Pfarrerkirche» wäre in solchen Missionsgemeinden «undenkbar». Denn eine Kirche, die diese Aufgabe wahrnimmt, muss die Laien mobilisieren, das Priestertum aller Gläubigen beleben, intensive und begleitende Seelsorge anbieten und Mitarbeiter ausbilden, die persönlich, frei und verständlich vom Glauben reden können. Brunner will darum konsequenterweise weder Predigt noch Sakrament für die Mission. Beides gehört dorthin, «wo bereits Gemeinde ist, nicht dort, wo sie erst werden soll oder wird.»[93]

3.5.7 Brunner wieder lesen

Dass dieser Vorstoss Brunners 1934 und in den folgenden Jahren nicht nur auf Begeisterung stiess, ist nicht weiter verwunderlich. Seine Kritik an der bestehenden Kirche rührt an die Grundfesten der volkskirchlichen Ordnung. Von der dramatischen politischen Lage, die bei ihm nur am Rande und im Hintergrund eine Rolle spielt, war schon die Rede. Im Nachhinein könnte man *ad bonam partem* sagen: Brunner sprach ein wahres Wort zum falschen Zeitpunkt. Die Zeit war noch nicht reif für seine Vision einer missionarisch offensiven Kirche.

Ich meine, es lohne sich, Brunner wieder zu lesen – und auch die Schwächen seiner Argumentation zu diskutieren. Wo diese liegen, trat in seinem Büchlein mit dem Titel «Das Missverständnis der Kirche» offen zu Tage.[94] In dieser kleinen, 1951 veröffentlichten Schrift, entfaltete Brunner den Ansatz, den er siebzehn Jahre zuvor vortrug. Die Kritik an der bestehenden Kirche wird in der für ihn typischen Klarheit und Schärfe als Kritik an der Rechtsgestalt der Institution profiliert, eine Kritik, zu der ihn der deutsche Kirchenrechtler Rudolf Sohm inspirierte.[95] Die geschichtliche Entwicklung der

---

[92] Brunner, Die Kirche, 29.
[93] A. a. O., 31.
[94] Emil Brunner, Das Missverständnis der Kirche, Zürich 1951.
[95] Insbesondere das Hauptwerk von Rudolf Sohn, Kirchenrecht, 2 Bde., München 1892/1923, entfachte eine Debatte mit Adolf Harnack. Sohm trennte scharf zwischen der Rechts- und Glaubensgestalt der Kirche. Siehe Brunner, Missverständnis, 103.

Christusgemeinde, die Brunner jetzt «Ekklesia» nennt, wird als Geschichte der Überformung und Entfremdung einer ursprünglichen Idee dargestellt. In dieser idealistischen Konzeption erscheint die *ekklesia* als «Wunder» und die Kirche als «Problem».[96] Die «neutestamentliche Wirklichkeit» wird dabei nicht nur idealisiert, sie wird auch harmonisiert.

Eine Brunner-Exegese, die dem Theologen gerecht werden will, wird freilich in Rechnung stellen, in welchem Kontext und vor welchem Hintergrund Brunner seine Überlegungen anstellt. Die *ekklesia* des Neuen Testamentes ist für ihn das «höchst paradoxe Gegenteil [...] von jener individualistischen Anarchie und dem totalitären Kollektivismus»,[97] den er in den Jahren nach dem grossen Weltkrieg als Zerrformen der Freiheit und Gemeinschaft diagnostizierte. In seinem Vorwort erklärt er denn auch, dass er «seine Arbeit als ein Votum in der ökumenischen Diskussion aufgefasst wissen» möchte und auf die Zustimmung derer hoffe, «denen Jesus Christus lieber ist als ihre Kirche».[98] Im selben Vorwort gesteht er freilich auch, dass er damit rechne, «auf heftigen Widerstand zu stossen». Er war dann doch überrascht über die Feindseligkeit, die ihm – insbesondere von den Vertretern der skandinavischen Volkskirchen – entgegenschlug. Wenig erfreut war er auch über die enthusiastische Gefolgschaft aus freikirchlichen Kreisen.[99] Haben ihn beide Seiten missverstanden?

Man wird bei aller berechtigten Kritik an der überzogenen Institutionskritik den Wunsch nach Einheit und Heiligkeit der völker- und kirchenverbindenden Christusgemeinschaft nicht ausblenden dürfen. Brunner denkt *ekklesia* als Bewegung, die lokal und global wirkt – quer zu den Institutionen. Seine «Gemeinde» ist transinstitutionell. Man höre den Ragaz'schen Ton im Ausblick: «Mit oder ohne die Kirche, wenn nötig sogar gegen sie, wird Gott die Ekklesia zum Brudervolk werden lassen.»[100]

Ist heute der Kairos, Brunner neu zu lesen?

Man kann sich an der Nähe zur Erweckungsbewegung stören; man wird aber die konzise Analyse der Situation nicht so leicht in den Wind schlagen und das Visionäre nicht leugnen können. Ich halte sowohl seinen Ansatz des kirchlichen Doppelauftrags als auch die Vorstellung einer netzwerkartigen Bewegung für bemerkenswert aktuell. Angesichts der erlahmenden Sozialisationskraft der bestehenden Gemeinden ist es erstaunlich, dass sein Plädoyer

---

[96] Brunner, Missverständnis, 11–21.
[97] A. a. O., 131.
[98] A. a. O., 8.
[99] Vgl. dazu Brunner, Mein Vater, 248–251. Für alle, die sich mit Emil Brunner und seinem Opus auseinandersetzen, ist Pflichtlektüre: Jehle, Emil Brunner.
[100] Brunner, Missverständnis, 137.

für Gemeindegründung – bis auf wenige Ausnahmen – achtzig Jahre lang ungehört geblieben ist. Die Forderung, dass die Kirche ganz auf das Werden der *ekklesia* ausgerichtet werden müsse, wurde zwar rezipiert und zum Ziel des missionarischen Gemeindeaufbaus erklärt.[101] Aber die eigentliche Doppelpointe von Brunners Vision wurde m. E. bis zum heutigen Tag nicht aufgegriffen. Wen wundert's? Brunner fordert einen radikalen Umbau der bestehenden Kirche samt Umbau von Theologiestudium und Ämterordnung. Es muten ja auch seine skizzenhaften Überlegungen zu einer mobilen Kirche geradezu postmodern an. Seine Vorstellung einer «lockeren, unkultischeren Art der Verkündigung» und die Forderung, es sei auf «eine neue, ganz von unserem theologischen Stil freie Art, von den Dingen der Bibel zu reden»,[102] erinnert an Evangelisationstheologien evangelikaler Provenienz.[103] Sie gemahnen aber auch an die Appelle liberal ausgerichteter Praktischer Theologen der Gegenwart, die darauf drängen, traditionelle Formsprache in eine Sprache zu übersetzen, die Zeitgenossen verstehen.

3.6 Die Ordnung der Gemeinde – Eduard Schweizer

Eduard Schweizer ist mein zweitletzter Zeuge für die «Zürcher Schule». Er studierte bei Rudolf Bultmann in Marburg, Emil Brunner in Zürich und Karl Barth in Basel. Das ist ein recht spannungsvolles Gemisch theologischer Richtungen, die sich beim Neutestamentler zu einer eigenständigen und profilierten Sicht vereinten. Nach Stationen in Mainz und Bonn wurde Schweizer 1949 nach Zürich berufen, wo er bis zu seiner Emeritierung 1979 als Ordinarius für Neues Testament wirkte.[104]

3.6.1 Ad fontes

Ein Buch im Opus Schweizers ist von besonderem Interesse. In «Gemeinde und Gemeindordnung im Neuen Testament» unternimmt er den Versuch, die Vielfalt des Verständnisses und der Ordnung der Kirchen im Neuen Testament herauszustellen.[105] Dabei erkennt er eine doppelte Gefährdung: zur Lin-

---

[101] Vgl. dazu Fritz Schwarz/Christian Schwarz, Theologie des Gemeindeaufbaus: ein Versuch, Neukirchen-Vluyn 1987. Schwarz bezieht sich auf Brunner, Missverständnis, 121–133.

[102] Brunner, Erneuerung der Kirche, 30.

[103] Fabian Vogt, Predigen als Erlebnis. Narrative Verkündigung. Eine Homiletik für das 21. Jahrhundert, Neukirchen-Vluyn 2009.

[104] Vgl. dazu Werner Kramer, Eduard Schweizer (geb. 1913). Vielfalt und Einheit neutestamentlicher Theologie, in: Stephan Leimgruber/Max Schoch (Hg.), Gegen die Gottvergessenheit. Schweizer Theologen im 19. und 20. Jahrhundert, Basel/Freiburg i. Br./Wien 1990, 223–240.

[105] Eduard Schweizer, Gemeinde und Gemeindordnung im Neuen Testament, Zürich ²1962.

ken eine Auflösung ins Schwärmertum und zur Rechten eine Erstarrung zur Amtskirche. Mit diesem Generalschlüssel wird die Gemeindeordnung des Neuen Testamentes in einer Spannung gesehen, die ein dialektisches Verständnis der Kirche in ihrer ursprünglichen Vielgestaltigkeit und ihrem Streben um Einheit erkennen lässt.[106]

Wie Brunner verwendet auch Schweizer den Begriff der «Ekklesia». Er übersetzt ihn konsequent mit «Gemeinde». Der Exeget hat aber ein anderes Verständnis der Gemeinde als der Dogmatiker. Es ist durchaus kerygmatisch am Zeugnis der Gemeinde orientiert, wenn auch darin bestrebt, im Rückgang zu den Quellen die Differenzen herauszuarbeiten. Im ersten Kapitel wird der methodische Zugang wie folgt erläutert:

> Das Gesagte wird diesen Versuch vor dem Missverständnis bewahren, als ginge es um eine konservierende Reproduktion der neutestamentlichen Gemeinde. Rückkehr zur Quelle kann nur sinnvoll sein, wenn das dort Erkannte in der heutigen Zeit und Situation neu geprägt wird. Von einem «statischen Christentum» ist also keine Rede. Eine blosse Repetition neutestamentlicher Formeln oder Ordnungen garantiert die Echtheit der Gemeinde ebenso wenig wie eine kontinuierliche Weiterentwicklung innerhalb einer bestimmten Tradition [...]. Rechte Gemeinde wird also immer nur dort sein, wo stets wieder neu, im Achten auf die Probleme, Gefahren und Verheissungen der jeweiligen Situation, im demütigen Hören auf die bisherige Geschichte, zurückgefragt wird nach dem NT, nicht in gesetzlicher Reproduktion, sondern im evangelischen Hören auf die darin enthaltene Botschaft.[107]

In seiner hermeneutischen Disposition verbindet Schweizer Grundsätze der historisch ausgerichteten Bibelwissenschaft mit Überzeugungen, die Rückbezüge auf seine unterschiedlichen Lehrer erlauben, aber auch an das Prinzip der *ecclesia semper reformanda* erinnern. Anders als Ernst Käsemann, der 1951 die These postulierte, dass der Kanon die Vielzahl der Konfessionen begründe[108], gibt Schweizer die Rede von der Einheit nicht auf. Aber diese Einheit ist bei ihm eine theologische Grösse. Sie ereignet sich.

Diese Sicht von Gemeinde leitet die historische Arbeit, aber diktiert sie nicht. Im sorgfältigen «Achten auf die Probleme, Gefahren und Verheissungen der jeweiligen Situation» wird «das evangelische Hören auf die darin enthaltene Botschaft» verantwortlich wahrgenommen. Schweizer zeichnet

---

[106] Das Buch ist in zwei Teile gegliedert: I. Die Vielgestaltigkeit der neutestamentlichen Gemeinde (7-147); II. Die Einheit der neutestamentlichen Gemeinde (148–209).

[107] Schweizer, Gemeinde und Gemeindeordnung, 12f.

[108] Ernst Käsemann, Begründet der neutestamentliche Kanon die Einheit der Kirche?, in: ders., Exegetische Versuche und Besinnungen, Bd. 1, Göttingen 1960, 221.

nach, wie sich die neutestamentliche Gemeinde von der Konzeption Jesu, über die Konzeption der Urgemeinde, des Paulus, des Johannes und der apostolischen Väter zu einem fein ziselierten Gesamtbild entwickelt. Daraus eine Lehre zu ziehen und eine neutestamentliche Ekklesiologie zu behaupten, sei schon im Ansatz falsch.[109]

Die Einsicht in die Pluriformität entlässt die neutestamentliche Wissenschaft nicht aus der Pflicht, die Identität der Kirche vor dem Forum des Neuen Testamentes zu prüfen.[110] In dieser dezidiert nicht-biblizistischen Bibelorientierung liegt begründet, was Walter Mostert eine «theologische Lektüre» nennt und was Schweizer in seinem Buch meisterhaft durchexerziert.

3.6.2 Entwicklungen

Ich kann aus dem Reichtum der Beobachtungen nur einzelne «Perlen» herausgreifen. Mein Generalschlüssel der «entstehenden Gemeinde» leitet die Relecture. Ein Punkt ist dabei von besonderem Interesse. Wie ist Gemeinde entstanden?

Schweizer beantwortet die Frage erwartungsgemäss sehr differenziert und gleichzeitig dezidiert. Jesus ist weder der Stifter einer neuen Religionsgemeinschaft noch Gründer einer Gemeinde. Der Kreis der Jünger ist die Schar derer, die um das Kommen des Reiches wissen. Die Menschen, die mit Jesus zogen, bildeten keine Sondergrüppchen. Sie befanden sich zwischen Stühlen und Bänken – sie fühlten sich weder der Sekte in Qumran noch den Schriftgelehrten noch der Priesterschaft zugehörig. Und sie sahen sich doch als Repräsentanten Israels. Also wanderten sie mit ihrem Meister ausgerechnet nach Jerusalem. Dort aber mussten sie untergehen.

> Jesus aber hat offenkundig und bewusst diesen Weg gewählt. Er hat alles getan, um keinen Erfolg, kein Wachstum und keine Festigung der Gemeinde zu erreichen, sondern um sich und seine Schar zerschlagen zu lassen – für die Welt.[111]

Dreieierlei ist in diesem «ersten Kapitel» der Gemeindegeschichte bemerkenswert: die Verbundenheit mit Israel, das Motiv des Nichterfolgs und der universale Zug einer Bewegung «für die Welt». Es sind Themen, die in Vari-

---

[109] Dies kann als Konsens der Wissenschaft gelten. Vgl. dazu Jörg Frey, Neutestamentliche Perspektiven, in: Kunz/Schlag (Hg.), Handbuch für Kirchen- und Gemeindeentwicklung, 31–41, hier 31.

[110] So auch Jens Schröter, Die Anfänge christlicher Kirche nach dem Neuen Testament, in: Christian Albrecht (Hg.), Kirche, Tübingen 2011, 37–80, hier 37.

[111] Schweizer, Gemeinde und Gemeindordnung, 27.

ationen in der nachösterlichen Neukonstituierung des Jüngerkreises – zunächst in Jerusalem und später in den nun entstehenden Gemeinden – wiederbegegnen. In den Übergang von der radikalen Wandergruppe zur *ekklesia* ist die Geburt der Kirche eingezeichnet. An diesem Übergang ist der Exeget mit der Schwierigkeit konfrontiert, dass Geschichte und Zeugnis der Gemeinde zu einer literarischen Einheit verschmelzen. Sie gilt es einerseits zu wahren und andererseits einer historisch-kritischen Sichtung zu unterziehen.

Schweizers Rückgang zu den Quellen fördert den Befund zu Tage, dass auch die Urgemeinde wie Jesu Jüngerkreis in einer ersten Phase «Israel sein [will], nichts anderes».[112] Erst dann folgt der Bruch. Schweizer zeichnet nach, wie sich die Gemeinde vom Gedanken der Identifikation mit Israel verabschiedet. Dabei sei es paradoxerweise das Weiterwirken des Jüngerkreises gewesen, das schliesslich die Trennung vom Judentum bestimmt habe.[113] Jesu Öffnung für alle, seine Sendung zur Welt, provozierte den Bruch.[114] Beide Motive bleiben aber bestimmend: der *Israelbezug* und die *Weltzugewandtheit* der Jüngerschar. Daraus ergab sich der Zwang, neue Regeln zu finden. Ansätze dafür sind in der Urgemeinde in den Anfängen zu sehen. Ihr wichtigstes Charakteristikum ist die Loslösung vom alten Gesetz und die Entstehung einer durch die Gnade qualifizierten *Lebensordnung.*

> Erfüllung des Jüngerkreises ist die Gemeinde dort, wo sie völlig aus der Gnade, die sich in Jesus von Nazareth ereignet hat, lebt. Beides müsste sich also in ihrer Ordnung ausprägen: dass sie von dieser Gnade *lebt*, nicht von ihren Reformen, ihrer Moral oder ihrer Dogmatik, und dass sie davon wirklich in all ihren Lebensäusserungen *lebt*, so dass auch etwas von diesem Neuen sichtbar wird.[115]

Schweizer formuliert wohlweislich im Konjunktiv. Die Urgemeinde ist nicht das, was Lukas in ihr sehen möchte: die freie Liebesgemeinschaft. Der Konflikt zwischen Petrus und dem Apostel, von dem Paulus im Galaterbrief berichtet, ist Pflichtstück im neutestamentlichen Proseminar. Schweizer bestreitet aber eine allzu scharfe Unterscheidung der Ordnung in der judenchristlichen Urgemeinde von der charismatischen Ordnung in den Missionsgemeinden des Apostels.[116] Die Betonung auf der Praxis ist das entscheidende Junktim.

---

[112] A. a. O., 31.

[113] A. a. O., 39.

[114] A. a. O., 206: «Eben darum ist für Paulus der von Aussen Kommende, der Randsiedler oder Heide *der* Massstab, an dem die ganze Verkündigung gemessen werden muss (1. Kor 14,16f.23–25).»

[115] A. a. O., 39 (Kursivierungen im Original).

[116] A. a. O., 43.

Auf Schweizers Auslegung der paulinischen Gemeindeordnung kann im Rahmen dieser Studie nicht *in extenso* eingegangen werden. Er betont darin die Kontinuität in Bezug auf Israel[117] und die Diskontinuität, die sich an der Leib-Christi-Metapher ablesen lässt.[118] Paulus denkt die Gemeinde eschatologisch.

> Darum fehlt bei Paulus die Anschauung vom ungebrochenen Übergang vom Judentum zum Christentum. Die Kontinuität, ja eigentlich die Identität von Israel und Gemeinde kann er ja nur dadurch festhalten, dass er schon im alten Israel Gottes freie Gnadenwahl am Werke sieht, die das wahre Israel immer wieder aus der geschichtlichen Nation Israel herausgehoben hat.[119]

Wieder bestimmt das neue Verständnis die Ordnung. Sie stellt eine nicht aus geschichtlicher Entwicklung zu begreifende Grösse dar. Sie steht nicht fest. Sie entsteht aus dem Glauben, im Vertrauen auf den Geist, der aber nie Eigentum ist, sondern immer im Gegenüber gehalten bleibt. «Nur ein Schwärmer kann also übersehen, dass es in der Gemeinde auch eine Ordnung gibt.»[120]

Dass diese Ordnung auf Freiheit beruht, ist die Stärke und Schwäche der paulinischen Konzeption. Schweizer sieht hier ein Vakuum. Ist es nicht zwangsläufig so, dass die Gemeinde solche, sich *Gott* (und nicht einem ordiniertem Amt) unterordnende Freiheit nicht aushält und dann entweder dem Sog der hierarchisch gegliederten Amtskirche verfällt oder in einen gnostischen Individualismus zerfällt?[121]

3.6.3 Folgerungen

Es ist kein Zufall, stellt Schweizer die Leitfrage der Studie an dieser Stelle. Denn an Paulus wird deutlich, dass Schweizers Exegese um ein Problem kreist, dass wir bei anderen Lehrern der «Zürcher Schule» schon identifiziert haben. Was Schweizer für die neutestamentliche Gemeinde beobachtet, kann in gewisser Weise auch für die entstehende reformierte «Gemeinde» gelten: Sie sucht ihren Weg zwischen «Israel» und «Heidentum». Es ist das Identitätsproblem, das durch die eigenartige Zwischenstellung provoziert wird, in der sich die reformierte Kirche verortet. Sie versteht sich als Kirche in der katholischen und apostolischen Tradition, verzichtet aber auf den Rechtsan-

---

[117] A. a. O., 80f.
[118] A. a. O., 82–86.
[119] A. a. O., 86.
[120] A. a. O., 92.
[121] A. a. O., 94.

spruch, den die Römischen erheben; sie kann und will die Wahrheit der Gnade nicht als Besitz reklamieren. Dieselbe Verlegenheit zeigt sich in der Abgrenzung von denen, die sich als Sondergemeinschaft verstehen. Zwischen diesen Positionen entsteht ein Freiraum des Geistes. Er kann nur dann Kohäsionskräfte entwickeln, wenn die Befreiten am Geistleben Gottes partizipieren und «im Geist wandeln» (Gal 5,16–25).

Der Erkenntnisgewinn, den man aus der Lektüre Schweizers für das Verständnis der Gemeinde ziehen kann, ist durchaus zwiespältig. Die Komplexität der anstehenden Fragen wird gesteigert. Und die Lösung, die er offeriert, ist anstrengend.

> Müsste nicht eine ecclesia semper reformanda, wohl wissend darum, dass sie auch die idealste, ausgewogenste, biblische Ordnung nie als Besitz konservieren kann, es lernen, sich immer erneut wieder gerade diesen Schriften auszusetzen, in denen die Fülle neutestamentlicher Erkenntnisse nach beiden Seiten hin aufgenommen ist?[122]

Müsste sie nicht? Ich bin versucht zu antworten: Amen, sie muss! Schweizer verknüpft den Exklusivpartikel *sola scriptura* mit der Losung der *ecclesia legens*. Bliebe es nur beim Befehl, wäre Eduard Schweizer kein Lehrer der Kirche. Er liest die Bibel und legt sie aus. Folgerungen werden gezogen. Sie schliessen die Studie ab.

Der Weg der *ecclesia semper reformanda* wird als ein Weg zwischen Freiheit und Treue gedeutet. Mit Bezug auf die Dialektik der aktuellen Bezeugung der Freiheit Gottes und der festen Formeln und Hymnen, die die Treue Gottes bezeugen[123], folgert Schweizer:

> Beides lässt sich nur zusammenschauen, wo man Gemeinde ernsthaft vom Glauben an die Freiheit *und* an die Treue Gottes her baut, besser gesagt: gebaut werden lässt. Beides wird daher in der Ordnung der Gemeinde dort am deutlichsten bezeugt, wo sie am unmissverständlichsten klarmachen kann, dass sie alles, was sie ist *nur* von Gottes Tat her ist, [...] dass sie also weder Heilsanstalt noch religiöser Verein ist. Sie weiss also, dass sie Welt ist, nichts als Welt, die immer nur auf die Gnadentat Gottes warten kann. Aber sie weiss, dass dieser Gott treu ist und darum auch morgen nicht versagen wird, was er heute schenkt. Nur «in Christus» ist sie Gemeinde.[124]

---

[122] Ebd.

[123] Das ist auffällig nahe an der Dialektik Alexander Schweizers (siehe 3.3).

[124] Schweizer, Gemeinde und Gemeindeordnung, 205.

Es ist offensichtlich: Schweizer predigt. Denn das, was aus seiner erlesenen Lektüre als Kirche erscheint, muss bezeugt und kann nicht definiert werden. Dass dieser Vorgang zum Grundgeschehen der entstehenden Gemeinde gehört, ist der Erkenntnisgewinn, den der Rückgang zur Quelle generiert hat. Kirche bleibt durch alle Jahrhunderte hindurch ein Wunder.

> Dieses Wunder aber wird nie zum «Besitz» der Gemeinde, weder so, dass sie es dem gerantieren kann, der sich ihrer Ordnung fügt oder gewisse vorgeschriebene religiöse Leistungen erfüllt, noch so, dass sie je vergessen könnte, dass Gott Menschen völlig an der Organisation der Gemeinde vorbei zu sich gerufen hat.[125]

Der Gemeinde, die sich zwischen Freiheit und Treue befindet, wird die Aufgabe der ständigen kritischen Selbstinterpretation zugemutet. Der Exeget bestätigt die wenig beruhigende Erkenntnis, auf die auch Leonhard Ragaz und Emil Brunner gekommen sind: Gott baut seine Gemeinde notfalls gegen die bestehende Kirche auf. Schweizers Folgerungen lassen sich dieser typisch reformierten Interpretationtradition zuordnen. Seine exegetischen Studien mögen durch die Wissenschaft da und dort eine Revision erfahren haben. Die Schlussfolgerung der Studie bleibt ein prophetisches Wort, das sich die Reformierten ins Buch schreiben sollten.

> Ob die Gruppe der rechtmässigen Ordinierten oder eine Schar vollkommere Pneumatiker oder Asketen die Gegenwart des Geistes garantiert, sind nur Varianten eines falschen Gemeindebegriffs. Die Gemeinde wird also zwischen Rom und Sohm hindurch ihren Weg finden müssen. Sie wird es nur dort können, wo sie mit letzter Entschlossenheit von der Freiheit und Treue Gottes lebt, nicht mehr von ihrer Ordnung und nicht mehr von ihrer religiösen Lebendigkeit. Wie sie das glaubhaft tun und bezeugen kann, hat sie immer neu zu fragen.[126]

3.6.4 Anknüpfung

In Schweizer spricht ein Chor. Er war Schüler von Bultmann und von Barth. Man kann auch die Stimme des Namensvetters hören. Eduard Schweizer war ein «Vermittlungstheologe höherer Ordnung».[127] Vielleicht ist er auch ein Offenbarungstheologe derselben Gattung! Man wird jedenfalls den Versuch, die Ordnung im Lichte der griffigen Formulierung «zwischen Rom und

---

[125] A. a. O., 206.
[126] A. a. O., 209.
[127] Man verzeihe mir die gelehrte Anspielung. Der Lehrer Alexander Schweizers, Friedrich Daniel Ernst Schleiermacher, bezeichnete sich in den «Reden» als einen «Herrenhuter höherer Ordnung».

Sohm» als ursprüngliches Strukturmoment der Gemeinde auszuweisen, auch als Antwort auf Emil Brunners Konzept der pneumatischen Gemeinschaft lesen müssen.[128]

Schweizer hat zweifellos recht. Brunner ist auf einem Auge blind! Er sieht nicht, dass die durch den Geist gehaltene Gemeinschaften der frühchristlichen Gemeinden keine Bewegungen geblieben sind, sondern Strukturen ausbildeten – ausbilden mussten, um den Fortbestand der Überlieferung zu sichern. Rechtsnormen und Ämterhierarchien sind weder per se Zerfall, noch kann aus dem neutestamentlichen Zeugnis auf eine rechtsfreie Geistzone geschlossen werden. Schweizer erteilt solchen Fantasien eine entschiedene Absage.[129]

Andererseits wird Schweizer mit dieser Kritik dem Anliegen Brunners nicht ganz gerecht. Brunner ist der Visionär einer neuen Gemeinde. Schweizers eigene Vorschläge zur Erneuerung des Gottesdienstes und des Gemeindelebens bleiben im Rahmen des Bestehenden.[130] Der Weg zwischen Rom und Sohm lässt hier nur wenig Spielraum für Gedankenexperimente. Das ist mit Blick auf die Bewegungen, die sich in den 1950er Jahren formierten, durchaus bemerkenswert. Ich denke an die liturgisch Bewegten, die über die Erneuerung des Gottesdienstes nachdachten und denen mit der Zürcher Liturgie dann tatsächlich ein Wurf gelang.[131] Die Warnung, dass die Gemeinde von Gott und nicht von ihrer religiösen Lebendigkeit lebe, kann bei aller «dogmatischen Korrektheit» auch etwas Betuliches und Ängstliches entfalten – oder zumindest so ausgelegt werden! Schweizer meidet gut helvetisch und zürcherisch die Extreme.

3.7 Dezidiert evangelische Hermeneutik – Walter Mostert

3.7.1 Eine evangelische Lehre der Kirche

Walter Mostert war 1978 bis 1995 Professor für Systematische Theologie an der Universität Zürich. Er vertritt in der Reihe der Zürcher Lehrer eine dezidiert evangelische Hermeneutik. Wenn in Zusammenhang mit Zürich der Begriff «Hermeneutik» fällt, muss auch der Name Gerhard Ebelings – Mosterts

---

[128] Vgl. dazu auch Jack Brush, Kirche im Zeitalter der Technologie, Berlin 2014, 267.

[129] Schweizer, Gemeinde und Gemeindeordnung, 176, 186.

[130] Im Originalton (a. a. O., 208): «Mindestens gelegentlich sollte ein Nichttheologe die Predigt übernehmen. Auch kurze ergänzende Zeugnisse sind denkbar. Bei besonderen Anlässen ist eine straff geleitete Bibelarbeit, bei der sich jedermann beteiligen kann, eine prächtige Möglichkeit.»

[131] Vgl. dazu Ralph Kunz, Gottesdienst evangelisch reformiert, Zürich 2006.

Doktorvater – genannt werden. Er prägte das 1962 gegründete Institut für Hermeneutik und Religionsphilosophie.[132] Eine gewisse Dezidiertheit eignet auch Ebeling. Aber der Lehrer bewunderte «die ‹Inbrunst› seines Schülers», mit der dieser «nach dem Wesen der Theologie gefragt und sich dieser Aufgabe hingegeben hat».[133] Davon spürt man auch im Werk etwas, von dem ich einen zentralen Gedanken schon rezipierte. Es ist Mosterts Vorlesung über Kirche, Taufe und Abendmahl, die posthum von seinen Schülern und Freunden aufgrund des (handgeschriebenen) Manuskripts unter dem Titel «Jesus Christus – Anfänger und Vollender der Kirche» veröffentlicht wurde.[134]

Mosterts evangelische Kirchenlehre folgt dem Sprachspiel des Glaubens und erklärt seine Grammatik. Die dogmatische Klärung bietet auf den ersten Blick nichts Neues. Auf den zweiten Blick leistet sie intellektuell, was existenziell gefordert ist: Sie lässt Kirche entstehen. Sie dringt, um das Eine kreisend, in die Tiefe, um dort zu suchen, was nur im Glauben erfasst werden kann, aber gedanklich gefasst werden will. Wenn ich nun meinerseits versuche, etwas vom Sprachspiel Walter Mosterts zu vermitteln, leitet mich eine doppelte Absicht: Ich möchte erstens zeigen, dass diese Form des leidenschaftlichen Theologisierens für die Kirche das Eine ist, das nottut. Zweitens ist es mein Anliegen, die Relevanz der Klärungen im Gespräch mit anderen – weniger dezidierten und distanzierteren Anschauungen der Kirche – aufzuzeigen.

3.7.2 Eine grundlegende Unterscheidung und Entscheidung

Eine grundlegende gedankliche Operation des Theologisierens ist die Unterscheidung. Mostert beginnt seine Vorlesung mit der Unterscheidung von Religion und Glaube. Das Religiöse ist das Allgemeine und der christliche Glaube das Bestimmte. Wenn wir eine Antwort darauf geben, was Kirche ist, bestimmt der Glaube das Religiöse und nicht das Religiöse den Glauben. Die erste Unterscheidung ist eine folgenreiche Entscheidung. Sie nimmt die

---

[132] Siehe Homepage des IHR (www.hermes.uzh.ch). Es entbehrt nicht einer gewissen Ironie, dass in Zürich Lutherforschung getrieben wurde! Theologen wie Gerhard Ebeling, Eberhard Jüngel und Ingolf U. Dalferth brachten den Geist der Leuenberger Konkordie nach Zürich. Ich sehe darin ein Charakteristikum der Zürcher Schule: Alexander Schweizer war ein vehementer Befürworter der Union und Emil Brunner dachte allgemein evangelisch.

[133] Aus dem Nachruf Gerhard Ebelings in: Walter Mostert, Jesus Christus – Anfänger und Vollender der Kirche. Eine evangelische Lehre von der Kirche, hg. von Jan Bauke-Rüegg u. a., Zürich 2006, 9. Walter Mostert ist am 4. März 1995 an Leukämie gestorben – der Zufall will es, dass ich diese Zeilen 20 Jahre nach seinem Todestag schreibe.

[134] Die Vorlesung wurde im Winter 1993/1994 gehalten.

Wirklichkeit des Glaubens ernst und bestreitet die Richtigkeit der Entscheidung anderer Theologien, die mit dem Allgemeinreligiösen beginnen. Ich betone diese Weichenstellung, weil sich Mostert gegen sie ausspricht. Was ist die Front? Wogegen wendet sich Mostert? Tatsächlich dominiert in vielen kirchlichen Selbstdarstellungen und praktisch in jeder Form der Fremdwahrnehmung von Kirche diese zweite Sicht. Etwa wenn man damit beginnt, die Mitgliedschaft der Kirche in «Institutionelle», «Distanzierte», «Säkulare» und «Alternative» als Innensicht zu übernehmen, um dann festzustellen, was man schon weiss: Der Anteil der Institutionellen in der Kirche wird kleiner, der Anteil der Distanzierten grösser, die Säkularen und Alternativen sind im Absprung begriffen oder sind schon abgesprungen.[135] Mit der gewählten Nomenklatur wird aus empirischen Daten, die religionssoziologisch gedeutet werden, eine Sicht der kirchlichen Realität konstruiert, die die Wirklichkeit des Glaubens verschwinden lässt. Geschieht das, kommt man zur logischen Schlussfolgerung, dass die Kirche, die ihre distanzierten Mitglieder halten will, den kognitiven Widerstand gegen den Glauben minimieren muss. Sie muss sich *säkularisieren*. Mit Blick auf die Alternativen muss sie sich aber *spiritualisieren*, um auch deren Erwartungen gerecht zu werden. Die Säkularen wiederum sind die verlorenen Schafe, die man durch *Evangelisierung* wieder zurückzugewinnen müsste. Die Institutionellen schliesslich kann man nur durch eine *Konsolidierung* und Qualitätsverbesserung der religiösen Grundversorgung bei der Stange halten. Der Kreis wird mit Hilfe der Organisationslogik quadriert, indem man die *Pluralisierung* und *Diversifizierung* des Angebots einfordert.

Das ist also kurz zusammengefasst die Sicht der Dinge, gegen die der dezidierte Theologe opponiert. Walter Mostert spricht oft von der *Kehre*.[136] Der Begriff ist mehrdeutig. Er meint den Blickwechsel aber auch die radikale Richtungsänderung, die im Alten Testament *schub* und im Neuen Testament *metanoia* heisst. Man könnte das moralisch hören und würde dann einem fundamentalen Missverständnis aufsitzen. Wer sich auf eine andere Sicht einlässt, ist kein besserer Mensch oder schärferer Analytiker. Die religionssoziologische und organisationslogische Konstruktion von Kirche ist nicht per se falsch. Sie hat ihr heuristisches Recht, insofern sie die Wirklichkeit des Glaubens von einem bestimmten Blickwinkel her verzerrt. Die Frage ist, was

---

[135] Zur Nomenklatur vgl. Jörg Stolz u. a., Religion und Spiritualität in der Ich-Gesellschaft. Vier Gestalten des (Un-)Glaubens, Zürich 2014.
[136] Mostert, Jesus Christus, 43f.; 84.

verzerrt wird und welche Auswirkungen es auf die Wahrnehmung der Kirche hat, wenn die Verzerrungen mit dem Original verwechselt werden.[137]

Nach diesem Anfang oder Original zu fragen, ist mit dem Wagnis verbunden, einem eigenen Zerrbild aufzusitzen. Die hermeneutische Theologie weiss um dieses Risiko und bestreitet die Relativität des eigenen Theologisierens nicht. Aber sie kapituliert nicht, wird nicht subjektivistisch oder relativistisch. Das tut sie durch die Vergewisserung ihres Grundes bzw. des Grundgeschehens, dem sie sich als Theologie verdankt. Sie entfaltet den Glauben der Kirche und verzichtet auf den intellektuellen Feldherrenblick. Sie beobachtet nicht – sie ist an der Kirche beteiligt. Denn die «Kirche ist die Gemeinschaft derjenigen, die sich gegenseitig helfen, Gemeinschaft mit Gott zu haben».[138]

Das wiederum qualifiziert das Wesen der christlichen Religion. Gemeinschaft ist nicht ein Unternehmen religiöser Subjekte und Kirche nicht die Folge davon, dass sie sich versammeln. Sie kommt zustande, weil sie sich auf den verlässt, in dem diese Gemeinschaft realisiert worden ist. Das ist Jesus Christus. Denn «Jesus Christus als Person ist reines Gottesverhältnis. Seine ganze Existenz, sein Leben und Sterben, sein Sprechen und Handeln, ist Verweis auf Gott».[139]

Jesus verkündet keine neuen Kulte, keine neuen Riten und keine Offenbarungen. Er ist die Wahrheit. Also ist das Christentum keine neue Religion. Sie ist vielmehr «die Reformation aller Religionen»,[140] weil sie das Gottesverhältnis Jesu Christi zur Basis hat. Dass hier wiederum eine Zerrgestalt droht, weiss Mostert und versichert darum:

> Nicht das Christentum ist die absolute Religion, wohl aber Jesus Christus als das absolute Gottesverhältnis. Hieran haben sich alle Religionen zu orientieren, vor allem aber das Christentum.[141]

Mosterts Unterscheidung ist bedeutsam mit Blick auf das innerkirchliche Glaubensgespräch. Wenn der Theologe Religion im Licht des christlichen Glaubens als Reinform des Gottesverhältnisses bestimmt, streitet er nicht ab, dass (auch) im Christentum diese Reinform religiös verzerrt wurde. Aus dieser Selbsterkenntnis entsteht die reformatorische Bewegung. Sie unterschei-

---

137 Mostert macht klar, was die Lehre der Kirche sagt, um die Verzerrungen theologiefreier Konstruktionen aufzudecken. Zum anderen Verfahren siehe Emil Brunner (3.5).
138 Mostert, Jesus Christus, 35.
139 A. a. O., 36.
140 A. a. O., 41.
141 A. a. O., 42.

det die wahre und die falsche Religion, um so die Richtung zu bestimmen, in der die Kirche wieder zur Gemeinde der Heiligen wird.

3.7.3 Das Missverständnis des Glaubens

Diese Kehre führt zur beunruhigenden Auskunft, dass «wir nicht mehr recht wissen, was Glaube ist, und dass hierin auch der Grund für die Krise der Kirche, ihr Rückbezug auf sich selbst und ihre objektive Überflüssigkeit für die Welt liegt».[142] Was bei Brunner das «Missverständnis der Kirche» heisst, ist bei Mostert das «Missverständnis des Glaubens». Glauben ist etwas anders als Handeln. Er ist Erfahrung gegen alle Erfahrung.

Die Herausforderung bestehe darin, eine Sprache zu finden, die dieses «Eigene des Glaubens zu erkennen und zu bedenken» weiss, aber die Erfahrung des Glaubens verständlich übersetzt. Die Übersetzung darf nicht ersetzen, was übersetzt wurde. Das Original muss erkennbar bleiben. Das ist nicht immer der Fall. Die Gefahr der Verwechslung der Übersetzung mit dem Original ist gross. Sie hat aber eine entscheidende Ursache im Glauben selbst. Der Glaube hat Folgen. Er bewirkt etwas: Er fordert Übersetzungen und bringt Werke hervor. Denn auch die Diakonie ist eine Übersetzung. Werden aber Werke mit dem Glauben verwechselt, löst sich der Glaube von seinen Grund.

Das ist eine eminent religionskritische Unterscheidung. Denn sie gilt *tel quel* genauso für das religiöse Leben. Dieses ist ein Werk und eine Folge des Glaubens und insofern Glaubensvollzug und nicht Glaubensgrund. Die Unterscheidung von Glaubensgrund und Glaubensvollzug wehrt also der Verwechslung von religiösem Gefühl (als Werk) und Gott. Sie stellt sicher, dass sich die Gewissheit des Glaubens Gott verdankt und seine Erfahrung dadurch zustande kommt, dass wir aus uns heraustreten.

Dieses Heraustreten aber korrespondiert oder besser: es verdankt sich dem Sein Jesu Christi für uns […] Jesus Christus ist wahres und reines und absolutes Gottesverhältnis nicht für sich, sondern für alle Menschen. Das ist der Grund der Christologie.[143]

Die Pointe der engen Verschränkung von Christologie und Ekklesiologie, wie wir sie schon bei Bullinger gesehen haben, ist darum so fundamental, weil sie als Verhältnis, also relational gedacht wird. Wir sind Kirche zu Christus hin, weil Christus für uns ist; weil er heraustritt, treten wir ein – und nicht weil

---

[142] A. a. O., 44.
[143] A. a. O., 49.

wir Steuern zahlen. Wir verlassen uns auch nicht auf unsere frommen Leistungen. Wir verlassen uns auf Gott, weil wir *in ihm* sind und weil er *in uns* ist. Aber wieder gilt: das Original muss unterscheidbar bleiben. Die Differenz ist entscheidend! Christus ist das, was wir nicht sind: gerecht. Er tut das, was wir sollen und nicht können, in einer Radikalität, die uns in Gott Wurzeln schlagen lässt, weil er es *für uns* tut. Er liebt uns. Darum können wir mit Jesus Christus wahrnehmen, was eine Erfahrung wider alle Erfahrung ist: dass wir gerechtfertigte Sünder sind.[144]

3.7.4 Sakramente als Vollzug

Kirche als Gemeinschaft der an Jesus Christus und an Gott Glaubenden ist keine Kopfgeburt des Theologen. Sie ist Geschöpf des Wortes. Gerade darum ist auch für Mostert die Formel aus «Confessio Augustana» VII leitend. Was sie sagt, wäre missverstanden, wenn man sie «nur dogmatisch-theologisch» verstünde. Die grundlegende Bedeutung des Wortes bildet denn auch keine Konkurrenz zu den Sakramenten. Vielmehr gilt:

> An den Sakramenten können wir die ganze Christologie entfalten [...] denn in den Sakramenten werden wir Christus existential zugeeignet (Taufe) und wird Christus uns existentiell zugeeignet (Abendmahl).[145]

Was hier in hochkonzentrierter Sprache gesagt wird, ist mit Blick auf die entstehende Gemeinde entscheidend. Sie nimmt ihren sichtbaren Anfang mit der Taufe. Bestrebungen, die Taufe (wieder) zur Kasualie zu erklären und ausserhalb des Gemeindegottesdienstes als religiöses Familienfest zu zelebrieren, rauben der Gemeinde also gerade die Sichtbarkeit des Eintritts in die Gemeinschaft mit Christus. Die Explikation des Abendmahls als existenzielle Zueignung Christi hat dieselbe Pointe – wenn auch mit einem anderen Akzent.

Im Abendmahl wird sichtbar, was das Wort bewirkt. Mostert entfaltet den Gedanken (gut lutherisch) mit Hinweis auf die konsekratorische Bedeutung der Einsetzungsworte.[146] Es wird getan, was gesagt wird, weil das Wort tut, was es sagt. Ekklesiologisch gesehen ist die Abendmahlfeier nicht nur der *Ausdruck* des Glaubens und erinnernder *Nachvollzug* eines vergangenen Ereignisses. Ein rein expressives Verständnis des Abendmahls verpasst die

---

[144] A. a. O., 49–52.
[145] A. a. O., 55.
[146] Vgl. a. a. O., § 11: Das Abendmahl, 133–149.

Bedeutung des Herrenmahls.[147] Nicht wir vergegenwärtigen Gott und siehe, er ist da, «sondern in dem Abendmahl und allem gottesdienstlichen Handeln stellen wir uns selbst hinein in die Gegenwart des Heils.»[148]

In dieser pointierten Kehre wird noch einmal das Plus einer dezidiert evangelischen Kirchenlehre erkennbar. Glauben als blosses Meinen muss die Realität Gottes behaupten, beweisen und besitzen. Glauben als existenzieller Vollzug ist von dieser Last befreit und kann die Kirche als Gemeinde der Heiligen «erglauben». Dass wir uns scheuen, uns selber heilig zu nennen, ist sicher dem gesunden Reflex geschuldet, sich selber nicht mit Attributen zu bedenken, die letztlich andere zuschreiben müssen. Es ist aber auch die Folge dessen, was Mostert das Missverständnis des Glaubens nennt. Heilig sind wir in der Realität des Glaubens durch die Bestimmtheit für Gott. Heilig sind die, die sich heiligen lassen (1Kor 1,2; Röm 12,1ff). Der Entscheid, der Heiligkeit Gottes entsprechend leben zu wollen, führt ja gerade nicht dazu, sich selbst als heiliges Subjekt zu konstituieren, wie Mostert in Auslegung von Lev 19,2 betont.

[U]nsere Heiligkeit besteht gerade darin, Gott als den Heiligen, also als Gott für uns, wahrzunehmen. Genau ebenso ist Jesu Satz aus Mt 5,48 zu verstehen: «Ihr sollt vollkommen sein, wie euer Vater im Himmel vollkommen ist.» [...] Unsere Heiligkeit ist gerade die Gottesbeziehung, nicht der Ersatz der Heiligkeit Gottes durch unsere Heiligkeit.[149]

3.8 Was lehrt die «Zürcher Schule»?

3.8.1 Sechs Leitlinien – ein Versuch Lehren zu ziehen

Was lehrt die «Zürcher Schule»? Wenn ich aus der Fülle der Gedanken der Lehrer eine ekklesiologische Summe zu ziehen versuche, werden zwangsläufig Differenzen eingeebnet. Der Zweck der Zusammenfassung ist aber nicht die Harmonisierung des Erkundeten, sondern die Konzentration auf Linien,

---

[147] Man kann die zwinglische Abendmahlstheologie in dieser Weise interpretieren, hätte sie dann aber karikiert. Denn Zwingli vertritt keine *expressive* sondern eine *dynamische Anamnese*, die exakt so beschrieben werden kann: sich an Gott erinnern heisst, sich in seine Gegenwart zu stellen. Mostert neigt leider dazu, die Selbstinterpretation der reformierten Abendmahlstheologie zu ignorieren und das Reformierte auf Fehler in der ersten Phase des Abendmahlsstreites zu behaften. Er hat aber zweifellos Recht, wenn er gegen die Karikatur polemisiert und ihr ein realistisches Verständnis der Abendmahlsgemeinschaft gegenüberstellt. Vgl. Kunz, Gottesdienst evangelisch reformiert, 66f.

[148] Mostert, Jesus Christus, 145.

[149] A. a. O., 83.

die Kontroverses stehen lässt und dennoch das weitere Nachdenken anleiten kann. Wer Ohren hat zu hören, hört aus diesem Ansatz das Erbe des Vermittlers. Der dreissigjährige Alexander Schweizer bringt es 1838 in einer Predigt im Grossmünster wie folgt auf den Punkt:

> Aber das Grösste ist errungen, die Christenheit hat sich zum Bewusstsein hindurchgekämpft, dass weder der Wahlspruch, Alles beim Alten zu lassen, noch der Wahlspruch, das Alte zu zerstören und aufzulösen, in der Kirche gelten und herrschen darf.[150]

Das sagt der Vermittlungstheologe und hat zweifellos Recht. Aber auch der Umkehrsatz gilt. Weder der Wahlspruch, alles neu zu erfinden, noch der Wahlspruch, das Neue sei zu bekämpfen, darf in der Kirche gelten und herrschen. In dieser doppelten Dialektik erschliessen sich sechs Leitlinien der «Zürcher Schule».

1) Die Vermittlung der Gegensätze und kritische Weisheit

Die Vermittlung der Gegensätze ist ein Verfahren, das in verfahrenen Situationen zur Anwendung kommt. Das galt damals, als in Zürich eine Regierung geputscht wurde, und es gilt erst recht heute, wenn Fragen der Reorganisation der Kirche anstehen. Aber der Wille zur Vermittlung entspringt nicht einem politischen Kalkül oder dem Überlebenswillen einer religiösen Organisation. Er ist theologisch begründet in der kritischen Weisheit, dass «Gottes Gedanken höher sind» als unsere (Jes 55,11).

2) Die Ermittlung der Quellen und ihre Neuinterpretation

Eduard Schweizers Versuch, aus der Vielheit des neutestamentlichen Zeugnisses die Ordnung der Gemeinde zu *ermitteln,* kann als Weg verstanden werden, die Vermittlung auf eine gemeinsame Basis zu stellen. Die Rückkehr zu den Quellen dient, wie er nicht müde wird zu betonen, keineswegs einer konservativen Rekonstruktion. Die Bibellektüre inspiriert die Neuinterpretation der Gemeinde.

3) Die Spannung von Rechtfertigung und Heiligung

Man kann bei allen Lehrern der «Zürcher Schule» eine Dialektik von Rechtfertigung und Heiligung entdecken. Reformierte Ekklesiologie zeichnet sich dadurch aus, dass sie die Grundspannung der christlichen Lebenspraxis

---

[150] Alexander Schweizer, Drei Predigten in Beziehung auf protestantische Fortbildung der öffentlichen Kirchenlehre gehalten im Grossmünster, Zürich 1839, 14. Zitiert nach: Gebhard, Alexander Schweizer als Vermittler, 77.

nicht auflöst. Die Kirche ist keine *societas perfecta*. Aber sie handelt nicht gemäss ihrem Ruf, wenn sie aufhört, Jesus nachzufolgen.

4) Die Verlässlichkeit der primären Institution und die Reformierbarkeit der Kirche

Man sagt den Reformierten nach, sie seien institutionskritisch. Das ist wohl war. Aber diese Kritik dient dazu, Institution im primären Sinn also den Gottesdienst am Sonntag und die Heiligung des Alltags zu stärken. Es charakterisiert reformierte Kirchenlehre geradezu, dass sie ein institutionelles Minimum als starkes Prinzip festlegt, um ein Maximum für das Wirken Gottes freizuhalten.

Weder die Parochie noch die demokratisch verfasste Landeskirche sind sakrosankte Institutionen. Leonhard Ragaz und Emil Brunner erinnern uns daran, dass sich die Sozial-, Rechts- und Feiergestalt des Glaubens verändern kann. Wichtig ist die Unterscheidung der primären von der sekundären Institution.[151] Predigt, Taufe und Abendmahl formieren die Gemeinde und haben nicht nur expressive Funktion.

5) Gottesbezug und Orientierung zur Welt

Es dürfte aber auch klar geworden sein, dass die Gemeinde Christi im Verständnis der «Zürcher Schule» kein religiöses Sonderzüglein ist, das auf einem eigenen Gleis in Richtung Himmel fährt. Schweizer sagt, die Gemeinde sei nichts anderes als Welt.[152] Karl Barth betont das solidarische Miteinander von Christengemeinde und Bürgergemeinde.[153]

6) Der Aufbau der Gemeinde und der Gemeindeaufbau

Gemeindeaufbau ist in der Zürcher Tradition auch als *genitivus subiectivus* zu lesen. Will heissen: Es geht nicht nur darum, dass Gemeinde durch die Wortverkündigung der ordinierten und angestellten Wortdiener erbaut wird. Vielmehr wird die Gemeinde als Subjekt, die beim Aufbau des Reiches Gottes partizipiert, beim Wort genommen. Ein solches Verständnis der Aufbauarbeit, die von der Gemeinde geleistet wird, hat tiefe Wurzeln in der politi-

---

[151] Gemeint sind mit den *primären Institutionen* regelmässige wiederkehrende Handlungen, in denen und durch die sich das Wesen der Kirche zeigt: in erster Linie also Predigt und Sakramente. Die sekundären Institutionen heissen so, weil sie die primären garantieren und schützen, sich an ihnen also nicht das Wesen zeigt. Sie sind für das Bestehen der Organisation gleichwohl wichtig. Vgl. dazu Mostert, 21f.

[152] Schweizer, Gemeinde und Gemeindordnung, 204.

[153] Karl Barth, Christengemeinde und Bürgergemeinde (Theologische Studien 20), Zollikon-Zürich 1946, 12–14.

schen Kultur der Schweiz. Es verweist auch auf den historischen Hintergrund der kommunalen Reformation, bei der die aufkommenden Zünfte und freien Reichsstädte eine wichtige Rolle spielten. Es erinnert an die Errungenschaft der liberalen Kirchengesetze im 19. Jahrhundert. Man kann in diesem Lichte betrachtet im Gemeindeaufbau eine weitere und weite Bedeutung des Begriffs erkennen und sagen: Im Aufbau der Kirche von unten nach oben spiegelt sich ein Verständnis des Gemeinwesens wider, das bis *anno dato* die politische Schweiz prägt.

3.8.2 Nebenrisiken des Skizzenhaften

Die «Zürcher Schule» ist eine Konstruktion, die mir dazu dient, die Leitthese dieser Studie zu stützen: Der Gemeindeaufbau ist der Anfang und das Ziel der Lehre von der entstehenden Kirche. Ich habe Linien ausgezogen, um eine bestimmte Kontur und damit auch ein bestimmtes Verständnis von Gemeinde erkennbar zu machen, für das ich bei ausgewählten Lehrern der Theologie Unterstützung gefunden habe. Es versteht sich von selbst, dass man Kirchenlehre mit anderen Akzenten treiben und alternative Akzente setzen könnte. Ich möchte darum, bevor ich daran gehe, die Lehren aus den Erkundungen zusammenzufassen, die Gefahr einer möglicher Verengung anhand der eingangs eingeführten Formel vom *Einen, das nottut* (Lk 10,42) benennen – freilich um daran zu zeigen, dass die Konzentration auf das Grundlegende den Interpretationshorizont letztendlich weitet.[154]

Das gute Teil, das Maria wählt, ist die Gemeinschaft mit Jesus. Sie hört ihm zu und lässt sich auf ein Gespräch mit ihm ein. Das meint, dass sie «zu seinen Füssen sass». Das entspricht in der Essenz der Ekklesiologie der «Zürcher Schule», die im Wort der Heiligen Schrift und der Verkündigung des Evangeliums die dynamische Mitte der Kirche erkennt und bekennt. Zwingli fragte: «Was ist Christi Kilch?» und gibt zur Antwort: «di sin Wort hört» oder – in Anlehnung an Johannes – «di sin Stimme hört».[155] Das Bild von der

---

[154] Ich folge hierin der klassischen, wenn auch sehr eigensinnigen Auslegung der biblischen Szene nach Meister Eckhart. Dieser wertet Jesus das Tun nicht ab. Jesus verweist Marta, die reifer ist als ihre Schwester, auf das hin, was sie *jetzt* nötig hat. Es geht nicht um einen Gegensatz von Wirken und Sich-in-Gott-Versenken. In der deutschen Übersetzung angedruckt in: Niklaus Largier (Hg.), Meister Eckhart. Werke II, Frankfurt a. M. 2008, 208–229.

[155] Vgl. Huldrych Zwingli, Adversus Hieronymum Emserum antibolon, in: Huldreich Zwinglis sämtliche Werke, Bd. 3 (Corpus Reformatorum 90), Leipzig 1914, 259,19–21: «Hęc tandem sola est ecclesia labi erraeque nescia, quę solam pastoris dei vocem audit; nam hęc sola ex deo est. Qui enim ex deo est, verbum dei audit.» Siehe auch Fritz Büsser, Zwingli und die

Stimme, die ruft, und der Gemeinschaft, die entsteht, weil Menschen dem Ruf folgen, ist auch die Basismetapher der evangelischen Kirchenlehre. Sie taucht auf in den Bekenntnissen und wird zum Erkennungszeichen des protestantischen kirchlichen Selbstverständnisses. Zum Beispiel heisst es in der ersten der zehn Berner Thesen von 1528: «Die heilige christliche Kirche, deren einziges Haupt Christus ist, ist aus dem Worte Gottes geboren, im selben bleibt sie und hört nicht die Stimme eines Fremden.»[156] Und auch das vielzitierte Lutherwort aus den Schmalkaldischen Artikeln verweist auf dieselbe Bibelstelle (Joh 10,3).[157] Was könnte hier eng werden?

– Erstens könnte man auf die Idee kommen, den Akzent auf dem Wort, das Kirche schafft, als einen exklusiven Wahrheitsanspruch zu deuten, der sich in einer Art «*Gemeindeideologie*» zeigen würde. Ansätze dazu sind bei Emil Brunner und insbesondere bei denen, die ihn zitierten und rezipierten, unverkennbar gegeben. Die Gemeindeaufbauliteratur seit den 1980er Jahren hat einen kleinen innerkirchlichen Kulturkampf ausgelöst, der prompt die Verteidiger der Volkskirche auf den Plan gerufen hat, die sich dann dezidiert gegen eine solche Strategie der missionarischen «Eingemeindung» von Mitgliedern zu Wort meldeten.[158]

– Zweitens passt das, was in der «Zürcher Schule» bei aller Vielfalt und Differenziertheit zur Gemeinde gesagt wird, nicht jedem und jeder ins Konzept. Wer sich theologisch anders orientiert, könnte auf die Idee kommen, die Suche nach der Einheit und Heiligkeit der Kirche sei Ausdruck eines bestimmten *Frömmigkeitsstils*. Folglich fiele der Versuch, eine Einheit zu definieren, zwangsläufig unter den Verdacht einer gewissen Einseitigkeit, der wiederum ein Zug zur Vereinheitlichung eigen wäre.

– Es fragt sich drittens, ob das Skizzierte wirklich ein Ganzes im Sinne eines stimmigen Bildes von Kirche bietet. Natürlich muss eine Skizze zwangsläufig gewisse Sachverhalte ausblenden, aber vielleicht ist das

---

Kirche. Überlegungen zur Aktualität von Zwinglis Ekklesiologie, in: Zwingliana 16/3 (1984), 186–200.

[156] Berner Thesen von 1528, hg. von Wilhelm Neuser, in: Reformierte Bekenntnisschriften, hg. von Eberhard Busch u. a., Bd. I/1: 1523–1534, Neukirchen-Vluyn 2002, 204,20f.: «Sancta ecclesia catholica, cuius unicum caput Christus est, ex verbo Dei nata est, in quo et permanet, nec ullius alieni vocem audit.»

[157] Martin Luther, Schmalkaldische Artikel, in: Die Bekenntnisschriften der Evangelisch-Lutherischen Kirche, hg. von Irene Dingel, Göttingen 2014, 776,6–8: «Es weis Gott lob ein Kind von sieben jaren, was die Kirche sey, Nemlich die heiligen gleubigen und die Scheflin, die ires Hirten stim hören.»

[158] Den Terminus «Eingemeindung» verwendet Michael Nüchtern, Kirche bei Gelegenheit, Stuttgart 1991,11f., 45, kritisch gegen den Gemeindeaufbau und Parochie.

Ausgeblendete ja Folge einer Verblendung? Wer mit einer Hermeneutik des Verdachts nachhakt, sieht im Ausgesparten blinde Flecken. Zum Beispiel könnte frau fragen: Gehören denn zur «Zürcher Schule» nur Männer? War da nicht eine religiöse Sozialistin, die Clara Ragaz-Nadig hiess, oder eine Zürcherin namens Marga Bührig, die einiges zur Entstehung von Kirche zu sagen hat? Und erfuhr die Reformation nicht eine eindrückliche Weiterführung in Form der Disputation 84?

3.8.3 Sensibilisierung für Ausgeblendete(s)

Bestünde der Anspruch der «Zürcher Schule» tatsächlich darin, Kirche in ihrer Diversität und Pluriformität gerecht zu werden, wären noch mehr Sünden zu bekennen. Die zitierten und referierten Theologen haben gewisse Themen mehr oder weniger systematisch ausgeblendet. Fragt man nach der entstehenden Gemeinde, werden andere Fragen, als die behandelten, relevant. Unsere Kirchen sind beispielsweise weitgehend *volksgruppenblind*. Wir haben ausserdem *kulturelle Vorstellungen* von dem, was reformiertes Gemeindeleben ausmacht, die weder christlich noch evangelisch noch katholisch sind. Der Geschmack ist eine gemeindebildende und -trennende Kategorie. Lebenswelten und Milieus sind Stichworte, die auf diese Dimension des Ästhetischen verweisen.[159] Zu nennen wäre weiter die Frage nach der Solidarität zwischen den *Generationen*, der Rücksicht auf Menschen mit *Behinderungen*, dem Dialog mit den anderen Religionen oder dem Anliegen einer stärker *leibbetonten Spiritualität*.

Die Liste ist unvollständig. Die Rückfragen sind keineswegs rhetorisch. Sie sind ernst gemeint. Es steckt ein kritisch-kreatives Potenzial in ihnen. Sie zwingen, nach dem zu fragen, was fehlt und sich an diejenigen zu erinnern, die vergessen gehen oder unsichtbar gemacht werden. Sie laden dazu ein, die Chancen und Grenzen der Diversität in der Gemeinde auszuloten und nach den Herausforderungen ihrer Identitätsbildung zu fragen. Sie machen deutlich, dass die Arbeit an der eigenen Gemeinde- und Kirchenkultur, ein höchst prekärer und hochsensibler Prozess ist. Da ist Verborgenes, Verdrängtes, Verstecktes und Vergessenes. Umso wichtiger scheint mir, an der *Einheit* festzuhalten.

Denn die Dekonstruktion des theologischen Konstrukts «Kirche» und die Kritik der Tendenz zu theologischen Verengungen machen zwar auf Kontroverses und Diverses aufmerksam! Aber recht verstandene *Einheit* schliesst

---

[159] Vgl. Matthias Krieg/Thomas Schlag/Roland Diethelm/Silke Borgstedt (Hg.), Lebenswelten. Modelle kirchlicher Zukunft, 2 Bde., Zürich 2012.

die geheiligte Vielfalt nicht aus. Mostert bringt es schön auf den Punkt, wenn er daran erinnert, dass die Kirche kein Verein ist, in dem jeder nach seiner Fasson selig wird.[160] Ein solcher Pluralismus ist lediglich die ideologische Kehrseite einer autoritären Heilsanstalt, die ein für alle Mal festschreibt, wie der religiöse Betrieb läuft. In der Tradition der «Zürcher Schule» wird diese Religions- und Kirchenkritik verbunden mit der Erinnerung an die Propheten, die sich teilweise einseitig und provokativ gegen die «Scheinheiligen» wandten, um Israel bzw. die Kirche nach Gottes Fasson zu reformieren und zur Busse aufzurufen. Die Formel *sola scriptura* bedeutet, dass diese Kirchenkritik aus der Schrift begründet werden muss. Sie ist die Referenzgrösse. Sonst hört Kirche auf, Kirche zu sein. Dasselbe lässt sich analog von den anderen sogenannten Exklusivpartikeln sagen. Sie sichern durch ihre Exklusivität eine bestimmt theologisch qualifizierte Form von Inklusion. Sie steht in eschatologischer Perspektive unter der Verheissung der Heilung, Versöhnung und Vollendung. Der ausschliessliche Bezug auf *Christus allein,* ist der Garant einer Einheit, die Vielfalt versöhnt und die *Gnade allein* bewahrt das christliche Ethos vor der Gesetzlichkeit.

Diese Bezüge sind letztlich *Beziehungen,* die in der *Heiligung* der Gemeinde sichtbar werden. Das ist ein zweiter Grundzug der «Zürcher Schule». Gott lebt, liebt und leibt sich seiner Kirche ein.[161] Darum entsteht sie als Gemeinde der Heiligen. Darum rückt das Bekenntnis der Kirche, das im traditionellen Sinn von *confessio* immer Busse und Lob meint, die geforderte Sensibilisierung für Diverses und Kontroverses noch einmal in anderes Licht: ins Licht der Konversion. Darum insistiert die Theologie auf der Einheit von Wahrem, Schönen und Guten und versucht diese Einheit im Gottesbegriff zu denken.[162] Nicht, weil sie darüber verfügt, sondern weil sie sich daran orientiert.

Wir sollten nicht das Eine, das nottut, mit einem Aufruf zur Vereinheitlichung verwechseln! Wir können über alles streiten, solange wir uns darauf einigen können, dass wir Gemeinde der Heiligen *sind.* Und sicher gilt auch – mit einem Schuss Brunner'schen Eristik – dass uns gerade in dieser Gewissheit auch die Frage bewegen sollte, wie wir Gemeinde der Heiligen *werden.* Über beides sollen wir streiten, bis wir eins sind.

---

[160] Mostert., Jesus Christus, 92.

[161] Ich finde den Begriff des Grundgeschehens auch bei Gerhard Ebeling und umschreibe, was er damit meint, in eigenen Worten

[162] Das ist der Kerngedanke in Christoph Schwöbel, Gnadenlose Postmoderne? Ein theologischer Essay, in: ders., Christlicher Glaube im Pluralismus, Tübingen 2003, 421–451, 450.

3.8.4 Das Bekenntnis zur Kirche und die Kirche im Bekenntnis

Den Bogen so weit zu spannen, ist natürlich vermessen, aber ich meine, der Titel dieser kleinen Studie – «Aufbau der Gemeinde im Umbau der Kirche» – trifft in gewisser Weise das Kernanliegen der reformierten Reformation.

Das starke Prinzip ist und bleibt der Bezug zum Wort Gottes. Damit ist eine Verbindung zur Leitlinie der «Zürcher Schule» und gleichzeitig zur Gegenwart bzw. zu den grundlegenden ersten fünf Artikeln der Zürcher Kirchenordnung hergestellt. Denn im zweiten Artikel heisst es:

> Die Evangelisch-reformierte Landeskirche des Kantons Zürich besteht aufgrund des Wortes Gottes, das im Evangelium von Jesus Christus Gestalt gefunden hat.[163]

Der Bezug zum Anfang wäre nun aber missverstanden, wenn man ihn primitivistisch oder biblizistisch interpretieren würde. Der Primitivismus und Biblizismus überspringt die Geschichte der Kirche und tut so, als könne auf der grünen Wiese ein Neubau errichtet werden. Dass sie diese primitivistische Tendenz – ihren Schatten! – kennt und in ihren Bekenntnissen bekämpft, gehört zur Eigenart der reformierten Kirchenlehre und ist eine wichtige Erkenntnis im Gang durch die «Zürcher Schule». Wichtig war schon der Reformatoren der Bezug auf die Alte Kirche, deren Lehre und Bekenntnisschriften, weil sich daraus das Selbstverständnis der Reformation zu Beginn der Neuzeit ableiten lässt. Sie forderten den Umbau und nicht den Neubau der Kirche, damit Gott seine Gemeinde bauen kann. Denn das Fundament ist gelegt. Darum orientierten sie sich am Vorbild der alten Kirche, die sich selbst apostolisch und katholisch versteht.

Wie die Reformatoren sich auf die Alte Kirche bezogen haben, so beziehen wir uns heute auf die reformatorische Kirche: nicht, um einer Ursprungszeit zu huldigen – als ob zur Zeit Zwinglis alles ideal gewesen wäre – sondern um das Prinzip der Entstehung institutionell zu sichern. Im zweiten Abschnitt des eben zitierten Arikels heisst es folgerichtig:

> Sie [die Landeskirche] führt die von Huldrych Zwingli und Heinrich Bullinger begonnene Reformation weiter.[164]

Das ist ein Versprechen. Erfüllen wir es? Was meint Weiterführung? Zu Recht betont Alexander Schweizer, dass auch die Bekenntnisse interpretationsbedürftig sind. Aber das bekennen wir ja! Wir können die begonnene Reformation nur dann weiterführen, wenn wir zur Freiheit der Verkündigung Sorge tragen. Insofern ist das jüngste *Bekenntnis* der Kirche erhellend. Denn

---

[163] Kirchenordnung der Evangelisch-reformierten Landeskirche des Kantons Zürich, Art. 2,1.
[164] A. a. O., Art 2,2.

um eine «Weiterführung» im Sinne einer Kontinuität im Bekennen handelt es sich, wenn im dritten Artikel der Kirchenordnung die Treue zur Freiheit wie folgt festgehalten wird:

> Die Landeskirche ist mit ihren Gliedern allein dem Evangelium von Jesus Christus verpflichtet. An ihm orientiert sich ihr Glauben, Lehren und Handeln.
>
> Die Landeskirche bekennt das Evangelium mit der christlichen Kirche aller Zeiten. Sie ist im Sinne des altchristlichen Glaubensbekenntnisses Teil der einen, heiligen, katholischen und apostolischen Kirche. Sie ist in diesem ökumenischen Horizont evangelische Kirche.[165]

Die Kirchenordnung macht deutlich, dass der Blick zurück ins Zürich des 16. Jahrhunderts kein nostalgischer Rückblick und kein konfessionalistischer Röhrenblick ist. Eduard Schweizer behauptet dasselbe vom Rückgang zu den neutestamentlichen Quellen! Die Begründung ist entscheidend. Wenn wir das Wort Gottes als dynamisches Prinzip der Entstehung begreifen, schwant uns, dass die bestehende Kirche vergehen muss, weil sie sich in immer neue Metamorphosen befindet. Tillichs protestantisches Prinzip hat dieselbe Pointe.[166] Mit Blick auf die ungeliebten Zustände in der Vergangenheit ist das Abstreifen alter Hüllen einfacher zu schaffen. Niemand kann im Ernst die Kirchenzucht wieder einführen wollen. Die politischen, gesellschaftlichen und kulturellen Rahmenbedingungen haben sich – Gott sei Dank! – verändert.

Es ist aber nicht der Fortschritt in der «Erziehung des Menschengeschlechts», der uns die historische Distanz zwischen heute und damals bewusst macht. Spätestens der Kirchenkampf öffnete die Augen für den Abgrund der Moderne, die Kräfte der Selbstauflösung freisetzt. In diesem Sinne ist das Versprechen der Kirchenordnung, die *begonnene* Reformation *weiterzuführen*, mit der doppelten Aufgabe verknüpft, einerseits die Sozial- und Rechtsformen der Gemeinde unter den jeweiligen Bedingungen der Gegenwart neu zu erfragen und andererseits den trans- und gegenkulturellen Horizont der Glaubenspraxis in ihrer eschatologischen Ausrichtung zu erinnern. Der Rückbezug zum Anfang der Kirche ist auch die Erinnerung an ihr Ende.

3.8.5 Zwischen Stau und Stress

Gemeinde entsteht dazwischen. Das macht sie zur schwer bestimmbaren Grösse. Sie muss sich verändern, wenn sie mit der Zeit gehen will und sie muss vergehen, wenn sie sich dem Zeitgeist ganz anpasst. Das gilt erst recht, wenn

---

[165] A. a. O., Art. 3,1f.
[166] Siehe oben 2.3.3

sich der Veränderungsdruck in der beschleunigten Moderne erhöht. Das ist unbestritten der Fall. Es hat zur Konsequenz, dass die Kirche permanent im Umbau begriffen ist. Sie gleicht mehr und mehr der A1, der Autobahn zwischen Zürich und Bern: eine Baustelle nach der andern. Einigen geht es zu langsam. Sie reden vom Reformstau. Andern geht es zu schnell. Sie beklagen den Reformstress.[167] Und wieder andere konstatieren, dass beide Recht haben. Alle bestätigen, dass Helmut Schelskys vor fünfzig Jahren gestellt Frage aktuell bleiben wird: «Ist die Dauerreflexion institutionalisierbar?»[168]

Nun können diejenigen, welche die Krisensemantik verinnerlicht haben, an diese Aufgabe mit dem heroischen Selbstverständnis jener sagenhaften Blaskappelle herantreten, die beim Untergang der Titanic «Näher bei Gott zu dir» intonierte. Etwa, indem sie von einer zweiten Reformation oder von einer Nullpunkt-Situation in der postchristlichen Gesellschaft reden, die einen radikalen Neuanfang nötig mache.[169] Einen Takt weniger radikal ist die Forderung nach neuen Gemeindeformen. Abgründiger kommt mir die Ankündigung vor, man müsse sich vom symbolischen Abfall überkommener Glaubensvorstellungen verabschieden[170] oder man könne den Zerfall der evangelischen Kirche nicht verhindern, weil diese sich bereits von ihren Glaubensvorstellungen verabschiedet habe.

Solange die Kirche in ihrer Ordnung bekennt, dass sie «im Sinne des altchristlichen Glaubensbekenntnisses Teil der einen, heiligen, katholischen und apostolischen Kirche» sein will,[171] bekennt sie sich zum Grundsatz *ecclesia semper reformanda est*. Eine reformatorisch orientierte Kirchenlehre kann weder mit Endzeit- noch Nullpunkt-Szenarien viel anfangen. Dabei muss sie sich beherzt mit dem Problem auseinandersetzen, dass in der Kirche gegenwärtig kein Konsens darüber herrscht, was sich ändern muss und was bleiben soll. Wir sind uns einig, dass wir uns nicht einig sind. Das führt zwangsläufig zur Figur einer *pluriformen* Kirche. Sie muss *reformiert* werden, soll aber nicht *uniformiert* werden.

---

[167] Vgl. Isolde Karle, Kirche im Reformstress, Gütersloh 2010.

[168] Helmut Schelsky, Ist die Dauerreflexion institutionalisierbar? Zum Thema einer modernen Religionssoziologie, in: Zeitschrift für evangelische Ethik, Bd. 4 (1957).

[169] Vgl. Michael Herbst, Missionarischer Gemeindeaufbau in der Volkskirche, Stuttgart ³1993.

[170] So das Programm der Reihe «Schriften zur Glaubensreform», die seit 2013 beim Gütersloher Verlagshaus erscheint.

[171] Kirchenordnung der Evangelisch-reformierten Landeskirche des Kantons Zürich, Art. 3,2.

4 Ermittlungen – Perspektiven der Entwicklung

4.1 Gemeinde als Subjekt des Gemeindeaufbaus

4.1.1 Kritische Vermittlung

Laufen unsere bisherigen Überlegungen auf ein Plädoyer für den *ekklesiologischen Wildwuchs* hinaus? Das wäre ein Kurzschluss! Es ist sicher kein Zufall, kommt in der Diskussion um den Gottesdienst dann und wann einer auf die Idee, mit dem Begriff zu hantieren.[1] Wildwuchs ist das Schlagwort einer Debatte, in der für die *Tradition* gestritten wird. Andere sehen sich dadurch animiert, für *Innovation* zu plädieren![2] Die Metapher signalisiert eine Spannung, die auch in der Gemeinde- und Kirchendebatte beobachtet werden kann. Die ekklesiologischen Kontroversen drehen sich freilich eher um Struktur und Form der Ortsgemeinde. Es gibt Stimmen, die beinahe entrückt von Profilgemeinden reden und andere, die unverrückt an der Parochie als Normal- und Normgemeinde festhalten wollen.[3]

Der ersten Leitlinie der «Zürcher Schule» folgend plädiere ich für eine *kritische Vermittlung* der ekklesiologischen Perspektiven. Ich verstehe Vermittlung als eine konstitutive Verfahrensweise der konziliaren Kirchenentwicklung. Am Beispiel von Alexander Schweizers hermeneutischem Programm der Dialektik von Altem und Neuem habe ich auf den historischen Kontext des 19. Jahrhunderts verwiesen, in dem die demokratischen Strukturen dafür gelegt wurden. Das Verfahren ist natürlich älter. Schon Bullinger fragt nach der Einheit des Geistes in der Vielfalt des Äusserlichen. Auch Eduard Schweizers Suche nach der zeitgemässen Ordnung der Gemeinde in der Spannung von Freiheit und Treue verweigert sich den Schlag- und Stichworten gegen die eine oder andere Seite.

Das Ziel der kritischen Vermittlung kann nun aber nicht eine Durchschnittsekklesiologie oder eine Harmonisierung der Gegensätze um des lie-

---

[1] Ralph Kunz, Der neue Gottesdienst. Ein Plädoyer für den liturgischen Wildwuchs, Zürich 2006.

[2] Vgl. dazu Ralph Kunz/Andreas Marti/David Plüss (Hg.) Reformierte Liturgik – kontrovers, Zürich 2011.

[3] Grundlegend für den Diskurs ist Uta Pohl-Patalong, Ortsgemeinde und übergemeindliche Arbeit im Konflikt. Eine Analyse der Argumentationen und ein alternatives Modell, Göttingen 2003.

ben Friedens willen sein. Es soll vermieden werden, was Ingolf Dalferth im Anschluss an Karl Barth an der Vermittlungsarbeit Alexander Schweizers zu Recht kritisiert. Hier sei alles «wohlgeordnet gelöst, nach rechts und links abgewogen bestimmt, in glücklicher Balance des Pro und Contra zum Ganzen gefügt.»[4] Die Auseinandersetzung darf in die Extreme gehen. Um gute Entscheidungen zu treffen, soll alles geprüft werden.

Die Vermittlung ist ja kein Selbstzweck. Ziele werden definiert und aufgrund von Kriterien priorisiert. Dabei ist m. E. unbestritten, dass die klassische Ortsgemeinde weiterhin das Basismodell der Volkskirche bleiben wird. Genauso offensichtlich ist aber, dass dieses Modell spezifische Schwächen aufweist,[5] auf die schon Emil Brunner verwiesen hat. Ich sehe Brunner als einen frühen Vertreter der *mixed economy*. Mit dieser Formel aus der englischen Fresh-Expression-Bewegung wird die wechselseitige Ergänzung unterschiedlicher Gemeindeformen propagiert. Das Ja zur Vielfalt ist freilich kein Nein zur Priorisierung der Ziele. Gemeindeaufbau ist nicht das einzige, aber das vorrangige Ziel der Kirchenleitung und -entwicklung (1.2).

Warum hat dieses Ziel Vorrang?

Weil die «Gemeinde» nicht nur das *Objekt* einer ekklesiologischen Debatte darstellt. Sie ist ihr *Subjekt*. Für das Selbstverständnis der Gremien, die Kirche verwalten, leiten und entwickeln, ist diese Einsicht konstitutiv. So ist es auch in der Ordnung der Evangelisch-reformierten Landeskirche des Kantons Zürich zu lesen. Wenn Kirche überall ist, «wo Gottes Wort aufgrund der Heiligen Schrift Alten und Neuen Testamentes verkündigt und gehört wird», wenn sie da erkannt wird, wo Menschen Gott bekennen und «durch den Heiligen Geist zum Glauben gerufen und so zu lebendiger Gemeinschaft verbunden werden» und wenn sie überall ist, «wo Menschen durch Glaube, Hoffnung und Liebe das Reich Gottes in Wort und Tat bezeugen»,[6] ist die Gemeinde kein frommes *nice to have*. Sie ist der Grund, warum es Kirche gibt und der Ort, an dem der Auftrag, dem Ordnung und Gestalt zu dienen haben, nachgelebt wird.[7]

---

4   Dalferth, Alexander Schweizer, 206.
5   Christhard Ebert/Hans-Martin Pompke, Handbuch Kirche und Regionalentwicklung. Region – Kooperation – Mission (Zentrum für Mission in der Region), Leipzig 2014, 128ff., nennen neben den von Brunner genannten drei genetische Schwächen: dass sich die Gemeinden autark verstehen und nur im Notfall mit anderen Gemeinde zusammenarbeiten, dass jede Gemeinde meint, ein Vollprogramm anbieten zu müssen und darum vieles nur halb und nichts richtig ganz macht, und dass ihre territorial definierte Zugehörigkeit den lebensweltlichen Dynamiken und Strukturen nicht mehr entspricht.
6   Kirchenordnung der Evangelisch-reformierten Landeskirche des Kantons Zürich, Art. 1,1–3.
7   So programmatisch formuliert im III. Artikel der Barmer Theologischen Erklärung: «Die christliche Kirche ist die Gemeinde von Brüdern, in der Jesus Christus in Wort und Sakra-

4.1.2 Laufende Ermittlungen im Fall «Gemeinde»

Auf die Gegenwart dieser «lebendigen Gemeinschaft» kommt es also an, auch und gerade wenn die Kirche im Umbau begriffen ist. Ist sie als Erfahrung präsent, wenn in der Synode schwierige Entscheidungen gefällt werden müssen? Inspiriert sie das Nachdenken darüber, wie es mit der Kirche weitergehen soll? Steht sie vor Augen, wenn über neue Organisationsformen und Verteilstrukturen nachgedacht wird?

Ich hoffe es. Darum frage ich nach: Wo sehen wir Inspirierendes? Und was vermitteln diese Erfahrungen in Prozessen der ekklesiologischen Entscheidungsfindung? Ich will das Verfahren, das die inspirierende Gegenwart der Gemeinde aufspürt, *Er*mittlung nennen. Es ist vergleichbar mit einem detektivischen Prozess.[8] Solange das Verfahren läuft und der Fall nicht gelöst ist, folgt gute Ermittlungsarbeit allen sachdienlichen Hinweisen. In laufenden Ermittlungen werden Hypothesen aufgestellt, die erst am Ende verifiziert oder falsifiziert werden. Dasselbe gilt für die ekklesiologische Recherchearbeit. Sie verwertet die Hinweise, prüft alles und behält das, was gut ist. Weniger kriminologisch und mehr theologisch formuliert: Ekklesiologische Ermittlung heisst das *Suchverfahren*, das vom Vertrauen in Gottes Geist geleitet nach Gemeindeleben fragt.

Ich betone die Verfahrensweise, weil ich ein Missverständnis unbedingt vermeiden möchte. Die theologischen Formeln, die in der Kirchenordnung bemüht werden und denen wir auch in der Kirchen- und Gemeindelehre der «Zürcher Schule» begegneten, sind keine Gesetze, die man befolgen muss, um Kirche zu bauen. Anders als ein deduktives Schlussverfahren, das aus Grundsätzen Regeln ableitet, wie etwas ist oder werden soll, geht das abduktive Verfahren von dem aus, was zu sehen ist, und versucht die richtigen Schlüsse zur Klärung des Falls zu ziehen. Die detektivische Metapher der laufenden Ermittlungen hat im «Fall des Lebens» natürlich eine andere Logik

---

ment durch den Heiligen Geist als der Herr gegenwärtig handelt. Sie hat mit ihrem Glauben wie mit ihrem Gehorsam, mit ihrer Botschaft wie mit ihrer Ordnung mitten in der Welt der Sünde als die Kirche der begnadigten Sünder zu bezeugen, dass sie allein sein Eigentum ist, allein von seinem Trost und von seiner Weisung in Erwartung seiner Erscheinung lebt und leben möchte. Wir verwerfen die falsche Lehre, als dürfe die Kirche die Gestalt ihrer Botschaft und ihrer Ordnung ihrem Belieben oder dem Wechsel der jeweils herrschenden weltanschaulichen und politischen Überzeugungen überlassen.» Der ganze Text ist abrufbar unter http://de.wikipedia.org/wiki/Barmer_Theologische_Erklärung (11.04.15) (zum Kontext siehe 3.5.1).

[8] Vgl. dazu ausführlicher Ralph Kunz, Der «Fall» als ungelöster Fall der Praktischen Theologie, in: Pastoraltheologie 97 (2008), 118–129.

als im Mordfall. Sie folgt nicht dem Verdacht, dass Gemeinden sterben, sondern spürt im Vertrauen, dass Christus lebt, dem Leben der Gemeinde nach.[9]

Genau das ist das Thema des «Gemeindeaufbaus». Ich möchte in diesem Kapitel dafür plädieren, «Gemeinde» nicht von vornherein mit der Parochie zu identifizieren. Die Kirchgemeinde als rechtlich definierter und territorial begrenzter Raum kann, aber muss nicht der Ort sein, wo Gemeinde entsteht. Diese Unterscheidung erzwingt eine Ausdifferenzierung des Gemeindebegriffs. Der Umbau führt die Notwendigkeit der differenzierten Rede von Gemeinde vor Augen. Wenn beispielsweise im Zusammenhang der Reorganisation des stadtzürcherischen Gemeindeverbands davon die Rede ist, dass 34 Kirchgemeinden *eine Grossgemeinde* bilden und zugleich von *Profilgemeinden* die Rede ist, die nicht quer und über den *Ortsgemeinden* neu entstehen, ist das ziemlich verwirrend.[10] «Gemeinde» ist scheinbar eine Grösse, die sowohl für die polyzentrische Regiokirche wie für die Parochie als auch für die kleinste Einheit einer Gruppe, die sich als Gemeinde formiert, stehen kann. Sie schrumpft und wächst je nach Ort, den sie im Gesamtgebilde der Kirchenorganisation innehat. Emil Brunner und Walter Mostert beklagten, dass kein Mensch wisse, was Kirche bedeute. Dasselbe gilt für die Gemeinde. Sollen wir auf den Begriff verzichten?

Es würde die Problematik nur verschärfen! Wir dürfen den terminologischen Schwierigkeiten nicht ausweichen. Ich halte aus theologischen Gründen am Begriff fest und habe mit der «Zürcher Schule» zu zeigen versucht, dass wir vor der doppelten Aufgabe stehen, die Sozial- und Rechtsformen der Gemeinde unter den gegenwärtigen Bedingungen neu zu erfragen und uns theologisch darüber zu verständigen, was wir jeweils meinen, wenn wir Gemeinde sagen (3.8.4). Wenn nicht restlos klar ist, was «Gemeinde» bedeutet, muss pragmatisch und situativ geklärt werden, welche rechtliche und soziale Grösse im Blick ist.

---

[9]   Verdacht und Vertrauen ist eine zentrale Spannung in der Hermeneutik von Paul Ricoeur. Vgl. dazu Philipp Stoellger, Selbstwerdung. Ricoeurs Beitrag zur passiven Genesis des Selbst, in: Ingolf U. Dalferth/Philipp Stoellger (Hg.), Krisen der Subjektivität. Problemfelder eines strittigen Paradigmas, Tübingen 2005, 273–316, hier 278.

[10] Vgl. Notabene, 2015/2, 6. Wenn ausserdem – auch von offizieller Seite – penetrant von «Fusion» geredet wird, ist die Konfusion perfekt. Der Zusammenschluss von Kirchgemeinden zu einer Rechtsgestalt «Kirchgemeinde» von der Grösse einer Stadt ist nicht zu verwechseln mit der Fusion von zwei oder drei Gemeinden zu einer neuen Ortsgemeinde. Auch in Zürich werden einzelne (ehemalige) Kirchgemeinden zu grösseren Einheiten verschmelzen. Aber die Stadt ist keine Gemeinde – sie hat Gemeinden. Zu alternativen Zuordnungen siehe mein Vorschlag in 5.2.

4.1.3 Terminologische Klärungen

Hilft uns die Gemeindeaufbaubegrifflichkeit weiter? Ja und nein! Sie leidet auch am «Missverständnis der Gemeinde». Anhand des oben zitierten 86. Artikels der Zürcher Kirchenordnung zum Gemeindeaufbau (siehe 2.3.5) will ich es illustrieren und einen Vorschlag zur besseren Verständigung unterbreiten.

Die Formulierung der Kirchenordnung legt im Prinzip nahe, die klassische *Gemeindearbeit* als Gemeindeaufbau zu verstehen. Das ist einerseits sinnvoll. Letztlich zielen ja Unterricht, Seelsorge, Diakonie und Gottesdienst auf die Erbauung, Errichtung *und* Erhaltung der Glaubensgemeinschaft. Wenn aber die Arbeit *an* der Gemeinde alles wäre, was es zu prüfen gälte, käme die Ermittlung schnell zum (immer richtigen) Schluss: Da und dort wird gut gearbeitet, da und dort noch nicht – machen wir bzw. die Angestellten doch alles ein wenig besser und intensiver und von allem etwas mehr. Der Fall, den man ermittelt, wäre passenderweise ein *best case* von Gemeinde, wo möglichst vieles gelingt. Es wird in diesem besten Fall von *best practice* oder ein wenig bescheidener von *better practice* oder *good practice* gesprochen[11] – in der Annahme, dass, wenn nur gut gepredigt, liturgiert, unterrichtet und geseelsorgt wird, die Gemeinde ganz natürlich wächst. Selbstverständlich sind die guten Beispiele eher Ausnahmegemeinden, die innovativer, kreativer, kommunikativer und attraktiver sind als Normalgemeinden.

Best practice ist ein respektabler methodischer Ansatz. Ich will gar nicht in Abrede stellen, dass gute Beispiele ermutigen können.[12] Es ist aber nicht der Weg, den ich hier weiterverfolgen möchte. Einmal abgesehen davon, dass es den Rahmen dieser Studie sprengen würde, von guten Beispielen zu berichten – *best practice* kann auch entmutigen! Für diejenigen, die in ihren real existierenden Gemeinde gerade *worse practice* oder sogar einen *worst case*

---

[11] Der Begriff stammt aus der angloamerikanischen Betriebswirtschaftslehre und heisst auf deutsch «Erfolgsmethode». Kritiker wenden ein, dass die Übertragung vorbildlicher Methoden, Praktiken oder Vorgehensweisen von Unternehmen auf Instiutionen zu Verzerrungen führe (vgl. 2.2.1). *Best practice* wird auch von Betriebsökonomen kritisiert. Allgemeine Regeln berücksichtgen die Eigenart und Eigendynamik der Betriebskulturen zu wenig. Vgl. Werner Abelshauser, Kulturkampf. Der Deutsche Weg in die Neue Wirtschaft und die amerikanische Herausforderung, Berlin 2003, 8, 22, 141, 181.

[12] Im Zuge der deutschen Kirchenreform und angestossen vom Impulspapier «Kirche der Freiheit» der EKD haben «Erfolgsgemeinden» Aufmerksamkeit gefunden. Vgl. dazu Wilfried Härle u. a. (Hg.), Wachsen gegen den Trend. Analysen von Gemeinden, mit denen es aufwärts geht, Leipzig 2008.

erleben, ist der Vergleich mit einer strahlenden Erfolgsgemeinde nicht nur erhebend.

Wenn der Fokus der Ermittlung auf der *Praxis der Gemeinde* liegt, steht weniger die gute (oder mangelhafte) *Gemeindearbeit* der Ehrenamtlichen, der Pfarrerin oder des Diakons zur Diskussion. Die Unterscheidung ist wichtig und m. E. in der Literatur zu wenig beachtet: das Eine ist die Arbeit, die *an* der Gemeinde geleistet wird, das Andere die Arbeit, die *in* und *von* der Gemeinde geleistet wird. Emil Brunners altertümliche Begrifflichkeit von *Gemeindepflege* hat den Vorteil, diese Leitdifferenz stärker hervorzuheben. Wir haben eine Tendenz, die Gemeindeglieder als diejenigen anzusehen, die «gepflegt» werden – in Analogie zur «Kundenpflege». Das ist mit Blick auf die kommunale Struktur der Gemeinde(n) kompletter Unsinn. Ob Schule oder Kirche: Die Pflege gilt der Gemeinde, die nach der alten Tradition der *Korporation* ein Gemeinschaftswerk ist.[13] Gemeinde ist das, was gemeinsam bewirtschaftet und gepflegt werden muss; sie ist eine Kultur und – auch in symbolischer Übertragung – der gemeinsame Grund und Boden, der nicht privat ist: die Kirche, die Allmend, der Wald, die Schule und der Friedhof.

Was bei einer Identifikation der Gemeindearbeit mit dem Gemeindeaufbau tendenziell eingeebnet wird, ist das Bewusstsein für diesen korporativen Anteil des religiösen Gemeinwesens.[14] In der praktisch-theologischen Gemeindetheorie haben sich andere Sprachregelungen eingebürgert, die dieser Unterscheidung Rechnung tragen. Unter *Gemeindeaufbau* versteht man nicht zuletzt im Rekurs auf Emil Brunner das Anliegen, Menschen für die Beteiligungskirche zu gewinnen.[15] Das Leitbild der Beteiligung ist von der Vorstellung der engagierten oder lebendigen Gemeinschaft getragen, die – auch in Anlehnung an die *Bürgergemeinde* – in freier und mündiger Weise das Recht und die Pflicht der Selbstverwaltung wahrnimmt. Der Gemeindeaufbau nimmt das missionarische Anliegen insofern auf, als durch die Kommunikation des Evangeliums Gemeindeglieder für die Mitarbeit neu gewonnen und gleichzeitig der Glaube der mitarbeitenden Gemeindeglieder gestärkt und genährt werden soll. Der Gemeindeaufbau setzt also auf eine

---

[13] Vgl. dazu den instruktiven Artikel über Korporationen von Hans Stadler im «Historischen Lexikon der Schweiz»: http://www. hls-dhs-dss.ch/textes/d/D10262.php (07.03.15). Dort auch weitere Literatur.

[14] Man beachte die metaphorische Nähe von Korporation (von lat. *corpus*) und Leib Christi (1Kor 12).

[15] Der Begriff der *Beteiligungskirche* wird im Kontrast zur *Betreuungskirche* in unterschiedlichen Kontexten verwendet. Einerseits ist der Gemeindeaufbau zu nennen, andererseits auch die Gemeindepädagogik. Vgl. dazu Alex Kurz, Zeitgemäss Kirche denken. Analysen und Reflexionen zu einer postmodernen kirchlichen Erwachsenenbildung, Stuttgart 2007.

Erneuerung innerhalb der bestehenden Ortsgemeinden, schliesst aber nicht aus, dass neue Orte der Gemeindebildung erschlossen werden.[16]

Die oben festgestellte Verwirrung, die mit dem Gemeindebegriff einhergeht, hat also nicht nur mit Organisationsgestalt, sondern auch mit dieser historisch geerbten Mixtur einer kuturellen, wirtschaftlichen, politischen und religiösen Bedeutung zu tun. Wir reden in der Tat von einem *corpus permixtum*.[17] Wichtig scheint mir, die eine Mixtur nicht mit der anderen zu vermischen.

In den letzten Jahren hat die schon erwähnte Fresh-Expressions-Bewegung in der Kirche von England die Aufmerksamkeit von Theologie und Kirchenleitungen im deutschsprachigen Raum gefunden.[18] Die *mixed economy* bezieht sich auf zwei unterschiedliche Typen von Gemeinde in derselben Kirche. Bei *Fresh Expressions of Church* handelt es sich in der Regel um *Gemeindegründungen*. Das damit verbundene missionarische Anliegen wird im Rahmen einer missionalen Ekklesiologie neu definiert.[19] Die leichte Variation des Begriffs markiert einen Perspektivenwechsel. In der missionalen Perspektive wird das Ziel der Mission nicht darin gesehen, Menschen in bestehende Gemeinschaften «einzugemeinden»,[20] sondern die Entstehung von Gemeinden in kirchenfremden Kontexten zu fördern. Leitend für das englische fxC-Programm ist gleichwohl die Idee, die neuen Gemeinden in den Verbund der nationalen Kirche (Church of England) einzugliedern. Ich gehe im letzten Abschnitt näher auf die Leitidee der fxC ein (4.4), möchte aber – um der Klarheit der Begriffe willen – festhalten, wo ein gravierender Unterschied liegt: Gemeinden, die sich über Gesinnung, Geschmack oder bedürfnisbedingter Gemeinschaft organisieren, unterscheiden sich nicht nur hinsichtlich der Definition der Zugehörigkeit ihrer Mitglieder. Neu gegründete Gemeinden haben darüber hinaus einen anderen Grund und Boden als

---

[16] Dies entspricht in der Logik dem Vorschlag von Uta Pohl-Patalong, Ortsgemeinde, von «kirchlichen Orten» zu sprechen.

[17] Der Begriff stammt vom Kirchenvater Augustinus, der damit die komplexe Realität der Kirche als einer geistlichen (verborgenen) und leiblichen (sichtbaren) Grösse bezeichnete, die zugleich *communio sanctorum* und *communio peccatorum* ist. Zur Bedeutung und Kritik der Formel vgl. Wilfried Härle, Art. Kirche VII: Dogmatisch, in: TRE, Bd. 18, 278–318, hier 287f.

[18] Anders als die Emergent-Church in Australien und den USA steht die fxC-Bewegung in der Kirche von England auf dem Hintergrund einer traditionellen Grosskirche. Siehe 4.4.5.

[19] Zur Herkunft des Begriffs vgl. Martin Reppenhagen, Auf dem Weg zu einer missionalen Kirche. Die Diskussion um eine «missional church» in den USA, Neukirchen-Vluyn 2011.

[20] Den Begriff «Eingemeindung» hat Michael Nüchtern, Kirche bei Gelegenheit. Kasualien, Akademiearbeit, Erwachsenenbildung, Stuttgart 1991, geprägt. Er richtete sich gegen ein ideologisch-missionarisches Gemeindeaufbauprogramm.

parochiale Ortsgemeinden und dadurch auch ein anderes Verhältnis zur Einwohnergemeinde.[21] Dass hier Chancen und Risiken zu erwägen sind, liegt auf der Hand: Gemeinden, die von der Aufgabe befreit sind, einen religiösen *service publique* für die ganze Bevölkerung zu gewährleisten, sind lebensweltlich flexibler. Die Chance der Kontextualität[22] ist aber mit dem Risiko eines Öffentlichkeitsverlusts verbunden.

Wird der neutralere Begriff der *Gemeindeentwicklung* verwendet, steht dieser in der Regel für die Profilierung und Professionalisierung der Gemeindearbeit – in verschiedene Richtungen und durchaus auch im Bereich der neuen Gemeindetypen. «Entwicklung» lehnt sich terminologisch an die Logik der Betriebswirtschaft und Kybernetik an und ist theologisch indifferent (siehe 2.2.1). Gemeindeentwicklung richtet sich handlungsleitend in der Regel an Pfarrpersonen oder andere Mitarbeitende. Es ist selbstverständlich möglich, das Anliegen des Gemeindeaufbaus in die Sprache der Organisationsentwicklung zu übersetzen. Wer Beteiligungskirche fördern möchte, wird an der Mitarbeiterkultur in der Kirche arbeiten müssen.

Leitungs- und Entwicklungsfragen bündeln sich zu einem komplexen Forschungsfeld, das in den letzten zwei Jahrzehnten an Aufmerksamkeit gewonnen hat.[23] Die allgemein anerkannte Fachbezeichnung für eine umfassende praktisch-theologische Kirchen- und Gemeindetheorie, die die diversen Ansätze vergleichend reflektiert, ist noch nicht gefunden. Einige reden von Kirchenentwicklung, andere von Kirchentheorie und wieder andere verwenden, in Anlehnung an die Tradition der gräzisierenden «ik»-Disziplinen (Homiletik, Liturgik, Poimenik), den Terminus Kybernetik.[24]

---

[21] Es wäre, auch mit Blick auf die Öffentlichkeitsdimension der Kirche reizvoll, eine theologische Feinbestimmung der «weltlichen» Gemeinde(n) zu reflektieren. In der gegenwärtigen Situation der Multikulturalität decken sich Einwohner-, Bürger- und Heimatgemeinde in den seltensten Fällen. Auch der Staat steht vor der Aufgabe, eine Bürgergemeinde aufzubauen – und ist mit dem Paradox konfrontiert, dass die Bürger den Staat bilden.

[22] Vgl. dazu das Grundlagenwerk von Michael Moynagh, Church for Every Context. An Introduction to Theology and Practice, London 2012. Moynagh differenziert, was hier nur grob als Gemeindegründung vereinfacht wird und spricht von «church planting», «emerging church conversation», «fresh expressions of church (the specific UK manifestation found in the Church of England and Methodist churches)» und «communities in mission». Das Buch soll im Herbst 2015 beim Brunnen-Verlag in deutscher Übersetzung erscheinen.

[23] Einen aktuellen Überblick bieten Kunz/Schlag (Hg.), Handbuch für Kirchen- und Gemeindeentwicklung.

[24] Ausführlich dargelegt in Ralph Kunz, Kybernetik, in: Grethlein/ Schwier (Hg.), Praktische Theologie, 607–684.

4.2 Die Interpretation der Gemeinde

4.2.1 Wie und wo lebt die Gemeinde?

In den Büchergestellen der theologischen und kirchlichen Bibliotheken nimmt die kybernetische Fachliteratur, die sagt, wie Entwicklung als Arbeit *an* der Gemeinde am besten zu bewerkstelligen sei, einige Laufmeter ein. Ein grosser Teil davon ist tatsächlich Ratgeberliteratur. Vieles ist nützlich zu wissen und hilfreich in der Praxis. Ich bewege mich in dieser Studie aber nicht auf der Ebene von Handlungsanweisungen. Der Versuch, die Konturen der Arbeit *in* der Gemeinde aus der Dialektik ihres Bestehens und Entstehens zu erfassen, kommt *vor* der Frage, was zu tun ist. Natürlich ist es essenziell, in einer Situation des Umbaus Handlungsoptionen zu prüfen (siehe 5.2). Ich frage hier jedoch grundsätzlicher: Wo lebt Gemeinde? Wie entsteht sie? Wofür steht sie ein? Welche Kräfte halten sie zusammen? Wohin geht sie? Wie lebt sie?

Es sind Fragen eines kollektiven Subjekts. Weder Ragaz noch Barth noch Brunner noch irgendein Lehrer oder eine Lehrerin der Kirche können stellvertretend für dieses Subjekt sprechen. Deshalb nenne ich die Fragen, die in der Praxis der Gemeinde ermittelt werden, *existenziell.* Sie fordern die Entscheidung der Fragenden, sich selber als verantwortliche Subjekte zu begreifen und sich mit der Aussage, *wir sind Gemeinde,* zu identifizieren. Je profilierter diese Identität ausgelebt wird, desto stärker provoziert sie eine *Re-Orientierung* am und eine *Bewegung* zum Original: In der biblischen Sprache heisst diese Bewegung auch *metanoia.* Es werden nämlich diejenigen, die sich zur Gemeinde bekennen, in Frage gestellt und stellen sich selbst in Frage, wenn sie fragen: *Sind wir Gemeinde?* Im Anerkennen, Bekennen und Bezeugen des Glaubens drückt sich die Bussfertigkeit der Gemeinde aus. Sind wir Täter des Wortes? Sind wir glaubwürdige Zeugen?

Gemeindechristen sind keine Besserwisser, die wissen, was für andere das Beste ist. Sie sind in erster Linie Umkehrer und nicht Bekehrer. Sie signalisieren ihre Bereitschaft, miteinander – Leonhard Ragaz würde betonen: genossenschaftlich (3.4) – aufzubrechen und nach der Gerechtigkeit Gottes zu trachten. Kirchentümlerei verbietet sich. Wir sind nicht besser dran, (aber auch nich schlechter) als Petrus, der fragt: «Herr, zu wem sollten wir gehen?» (Joh 6,68) und dann, weil er seinem Herrn und Meister vertraut, die Regel findet, die den Weg weist: «Du bist der Messias, der Sohn des lebendigen Gottes!» (Mt 16,16); «Du hast Worte ewigen Lebens» (Joh 6,68).

Ich höre den kritischen Einwand: «Was ist daran neu?» Ich frage zurück: Liegt nicht genau diesem *Selbstverständnis* das zugrunde, was man in Anspielung auf Emil Brunner das «Missverständnis der Gemeinde» nennen könnte? Es besteht darin, dass wir, die in und für die Gemeinde arbeiten, wirklich meinen, wir wüssten schon *alles* und es gehe nur darum, das Evangelium in die richtige Form zu verpacken und zu vermitteln, damit die anderen, die davon (noch) nichts wissen (wollen), womöglich auch auf den Geschmack kommen. Oder wenigstens bei Gelegenheit bei uns – und um Gottes willen nicht bei der Konkurrenz! – vorbeischauen. Gemeindeaufbau meint etwas anderes. Er betont das dynamische Moment der Eigenbewegung, das auch an anderen ekklesiologischen Metaphern abgelesen werden kann: der des organischen Leibs, des wandernden Gottesvolks (Hebr 13,12–16; 18,22–25) oder der wachsenden Saat (Mk 4,26–28), der die Stämme Israels symbolisierenden Jüngergemeinschaft oder der neuen Priesterschaft (1Petr 2,4–10).

Bei aller Vielfalt dieser Bilder – mehr noch: im bewussten Wechsel der Metaphern – lässt sich doch ein gemeinsam Negatives deutlich erkennen: Die biblischen Vorstellungen der Gemeinde haben wenig von der Idee eines Publikums, das darauf wartet, wie ihnen eine talentierte Crew von Interpreten den immer selben Klassiker attraktiv und innovativ inszeniert. Die Verheissung der neuen Schöpfung ist radikaler als das Versprechen einer aktualisierten Botschaft, die Erinnerung der Bibel geht tiefer als die Überlieferungstreue der Traditionalisten.[25] Es nimmt diejenigen, die ein Amt oder einen Dienst wahrnehmen, nicht aus der Pflicht der Übersetzung. Aber es entlastet sie vom Wahn, sie müssten durch ihre kreative Arbeit der Tradition Leben einhauchen und dadurch die Kirche am Laufen halten. Alles, was die Auslegung tun kann, baut auf einer Erneuerung auf, die in der Erinnerung gemeinsam entdeckt und erlebt werden kann, die auflebt, weil sie lebt, die ans Lebendige geht und im Raum der Gemeinde existenziell erfahren werden kann. Wenn wir es wagen, in das glimmende Feuer zu blasen, wird der Funke der «offensiven Heiligkeit Jesu» uns entzünden.[26]

So bleiben wir offen für das *Wunder* der Gemeinde. Zugegeben – das ist ein starkes Wort und, wie so viele Ausdrücke im religiösen Vokabular, missbrauchbar.[27] Vielleicht kommt man dem Wunder am nächsten, wenn man sich darüber wundert, dass Gott seiner Kirche die Treue hält.

---

[25] Ausführlich in: Ralph Kunz, Radikal, originell, aktuell, in: Hartmut von Sass (Hg.), Wahrhaft Neues. Zu einer Grundfigur christlichen Glaubens, Leipzig 2013, 191–217.

[26] Ein Begriff, den Klaus Berger, Jesus als Pharisäer und frühe Christen als Pharisäer, in: Novum Testamentum 30 (1988), 240f., geprägt hat, um die ansteckende wie aneckende Lebensführung Jesu zu erfassen.

[27] Emil Brunner, Das Missverständnis der Kirche, Zürich 1951, 13, verwendet das Wort, um auf das Pfingstwunder als den Ursprung der Kirche aufmerksam zu machen.

4.2.2 Die Lebensform des Glaubens

Die Rede von der Kirche als einer *creatura verbi* bliebe eine leere dogmatische Formel, wenn wir die schöpferische Kraft des Wortes nicht mehr mitten unter uns aufspürten. Das nimmt die Verkündigenden *und* die Hörenden in die Pflicht. Wundern wir uns noch über den Narren Gottes, der auf den Minenfeldern der Herrschenden tanzte? Berührt es uns, wenn wir hören, wie er Unberührbare umarmte? Lässt es uns kalt, mit welcher Wärme er sich Ausgeschlossener angenommen hatte? Erschrecken wir noch, wie kompromisslos er religiöse und politische Korruption aufdeckte? Erschüttert es uns, wie seine Liebe den Hass überwand?

Die Gemeinde ist ein Geschöpf des Wortes Gottes, weil und solange sie seinen Ruf hört *und* auf ihn antwortet. In der «Zürcher Schule» ist der Gedanke der Teilhabe der Gemeinde so etwas wie ein roter Faden: Es ist nicht nur die Verpflichtung, das Gehörte in die Tat umzusetzen, Täter des Wortes zu werden und den Glauben zu wagen.[28] Es ist auch die Freude an der Mitverantwortung für das Werk der Versöhnung. Wie viele Mitglieder der Landeskirche (er)leben «Gemeinschaft im Feiern, im Hören auf Gott, im Beten und Dienen gemäss ihren Begabungen»?[29]

Mein Werben für selbstkritische Rückfragen soll nicht verschweigen, dass es auch eine Art der Selbstkontrolle gibt, die uns die Freude am Wunder vergällt. Wenn wir mit dem Zählen nicht mehr aufhören können und immer wieder feststellen: Es kommen zu wenige. Wenn wir uns dabei ertappen, dass es uns kränkt, wenn unser «Angebot» nicht gefällt und damit beginnen, uns nach Wünschen zu erkundigen und zu richten. «Hätten Sie lieber ein Ritual im Liegestuhl mit kühlem Drink, Reflexzonenmassage und ‹O happy day!› als Background oder eine Schwarzbrotpredigt mit Musik von Bach am Sonntagmorgen?» Soll man denen, die fernbleiben, entgegenkommen oder ihnen einen Vorwurf machen, weil sie keine Lust auf Kirche haben?

Wenn wir so fragen, stellen wir kreuzfalsche Fragen. Ich stelle sie nur, um das Groteske solcher Anbiederungsversuche oder Abqualifizierungen der Mehrheit der Kirchenmitglieder zu entlarven. Wir sollen, wenn wir den Widersinn der bemühenden Bemühungen erkennen, aber auch nicht das Kind mit dem Bad ausschütten. Die gewählten und angestellten Vertreter der Organisation Kirche können denen, die dazugehören und nicht mitmachen,

---

[28] Vgl. dazu Peter Winzeler, Zwingli und Karl Barth, in: Zwingliana 17 (1987), 298–314, hier 313f. Siehe auch 5.1.

[29] Kirchenordnung der evangelisch-reformierten Landeskirche des Kantons Zürich, Art. 86. Siehe auch 2.3.5.

bittesehr danke sagen.[30] Es gibt eine professionelle Freundlichkeit und freundliche Professionalität, die auch der Kirche gut ansteht. Nur soll diese Freundlichkeit nicht mit gelebter Freundschaft verwechselt werden. Um Freundschaft bittet und «wirbt» man. Man droht nicht und lockt nicht mit ihr. Man lebt sie. Ihre Grundlage ist die Empathie Gottes und ihre Frucht die Sympathie einer Weggemeinschaft. Dazu einzuladen – ungekünstelt und fröhlich – heisst *Mission*. Hören wir also nicht auf, uns selbst und andere zu fragen, *konstruktiv* zu fragen, ob das Gemeindeleben Lust zum Mitmachen weckt? Hat das gemeinsame Gebet Ausstrahlung? Gibt es eine Möglichkeit mitanzupacken? Sind die Gottesdienste einladend?

4.2.3 Lesbare und erzählbare Gemeinde

Hier steht Ermittlungsarbeit an: Das Gelebte und nicht nur das Gewünschte (oder Vermisste und Befürchtete) soll der Horizont der Mission sein. In der Auseinandersetzung mit den Erwartungen und Widerständen des jeweiligen gesellschaftlichen Kontexts wird die entstehende Gemeinde konkret, zeitgemäss und kultursensibel in den Blick genommen. Dazu muss sie aber lesbar sein. In einem säkularen Umfeld soll Kirche ja auch von denen «gelesen» werden können, die sich nicht zu ihren Mitgliedern zählen. Was macht die Kirche *lesbar*?[31] Der Zürcher Pfarrer Roland Diethelm hat einen Vorschlag gemacht, den ich gerne aufnehme, indem ich ihn leicht modiziere.[32] Diethelm spricht von einer vierfachen Lesbarkeit der Kirche.

– Die erste Form der Lesbarkeit ist im Auftrag der Kirche begründet, das *Evangelium zu kommunizieren*.
– Die zweite Form ihrer Lesbarkeit hat die Kirche als *Gemeinde*. Kirche ist da, wo sich die Gemeinde zu Gottesdienst, Diakonie und Bildung sammelt.
– Die dritte Form ihrer Lesbarkeit verweist auf ihre gesellschaftsprägende Kraft im *Nahbereich*. Sie ist Kirche im Dorf und im Quartier – sie sucht der Stadt Bestes für die Nachbarn.
– Die vierte Form ihrer Lesbarkeit leitet sich aus ihrem Willen ab, für die ganze Bevölkerung da zu sein, also *öffentliche Kirche* und nicht nur ein Verein mit Mitgliedern zu sein.

---

[30] Vgl. dazu die Initiative «Lebenslang Mitglied bleiben», in: Notabene 2015/2, 10–12.

[31] Bezieht sich auf Roland J. Campiche, Die zwei Gesichter Religion. Faszination und Entzauberung, Zürich 2004, 280f.

[32] Roland Beat Diethelm, Lust und Unlust an Fusionen, online greifbar unter: http://www.pfarrverein.ch/_kirchenweb/_ausgabeseiten/bericht.php?artikelid=493 (11.04.2015).

Als Regel formuliert: Gemeinde ist die Lebensform, die den Auftrag der Kirche öffentlich sichtbar macht. Darum wird sie gemeinsam gepflegt und nicht nur verwaltet. Und darum ist ihre Präsenz zu ermitteln. Wenn Lebenswelt und Glaubenswelt auseinanderfallen, ist die Gesellschaft säkular geworden, wenn die Glaubensgemeinschaft mit der Lebensgemeinschaft keinen offensichtlichen Zusammenhang mehr hat, ist sie doketisch geworden.

Wir leben weder in einer vollständig säkularisierten Welt noch bringt der Ausdruck postsäkular unsere kulturelle Lage adäquat zum Ausdruck.[33] Die religionssoziologische Analyse der Gesellschaft bietet ein wesentlich bunteres Panorama als das Schwarz-Weiss-Bild, das beispielsweise ein Emil Brunner gezeichnet hat (3.5.6). Mit raffinierteren Typologien wird das undifferenzierte Reden korrigiert. Doch Deutungen generieren keine Anleitungen, wie das Evangelium in den unterschiedlichen Lebenswelten kommuniziert werden kann und soll.

Wo und wie und in welcher Stufe der Säkularisierung auch immer Adressaten des Evangeliums angetroffen werden – eines ist entscheidend: Kommuniziert wird in der stützenden Erzählgemeinschaft. Was Gemeinde ist, muss erzählbar werden.[34] Wo nichts erlebt wird, gibt es nichts zu erzählen und wo nichts erzählt wird, lässt sich nichts über das Leben der Gemeinde – und den gelebten Glauben – erfahren. Das bedingt den Aufbau einer Lebensgemeinschaft.[35] Dies ist freilich keine Aufgabe, die eine Pfarrerin oder irgendein Mitarbeiterteam alleine bewältigen könnte. Genauso wenig kann eine Kirchgemeindepflege das Gemeindeleben pflegen. Letztlich beruht das allgemeine Priestertum auf der gegenseitigen Pflege der Gemeindeglieder. Das hingegen ist die Aufgabe der Mitarbeiter und der Behörden: Alles zu tun, damit der *Aufbau* der Gemeinde – das ist der Aufbau, den nur die Gemeinde selber «leisten» kann – geschieht.

Die Gemeinde baut auf. Das ist zugleich die Pointe des ressourcenorientierten Ansatzes. Das ist ihre Ressource. Missachtet man sie, steigt die Gefahr, die Kirche als einen Dienstleistungsbetrieb zu sehen, der darin besteht,

---

[33] Hilfreich ist das Vier-Generationen-Modell von John Finney, The Four Generations. Finding the Right Model for Mission (Grove Evangelism Series), London 2008. In der *ersten Generation* gehen Eltern und Kinder gemeinsam in die Kirche, aber wenn die Kinder erwachsen werden, schickt die *zweite Generation* nur ihre Kinder in die Kirche. Wenn diese erwachsen werden, schickt sie ihre Kinder nicht mehr in die Kirche. Die *dritte Generation* ist Mitglied – die *vierte Generation* tritt aus.

[34] So Leo Baumfeld, Mentale Landkarten Kultur. Das Unsichtbare der Organisation respektieren, 4. Online greifbar unter: http://www.baumfeld.at/zum-mitnehmen.html (11.04.2015).

[35] Theo Sundermeier, Konvivenz und Differenz. Studien zu einer verstehenden Missionswissenschaft, Erlangen 1995.

dass die Gewählten und Angestellten alles Mögliche tun, um zu zeigen, dass die Gemeinde (dank ihnen) lebt. Dann werden Mitarbeiter zu Aushängeschildern der Gemeinde, mit der Kehrseite, dass man ihnen auch den Misserfolg der Gemeinde anlasten kann. Weil letztlich ihr Ausdruck auf andere Eindruck machen soll. Ein solches «Gemeindeleben» verwechselt Auftrag und Angebot[36] und trennt den Inhalt von der Form. Ein solches «Gemeindeleben» wird schnell zum Hundeleben für die Christen im Dauereinsatz. Das «Leben» endet dort, wo es startet: in der Beschwörung einer frommen Idee, die von ein paar tatkräftigen und sprachmächtigen Praktikern umgesetzt werden soll.

4.2.4 Die Heiligung als Interpretation der Gemeinde

Dass die Gemeinde als *Arbeitsort* zu tun gibt, ist unbestritten. Im Fokus ist aber die Gemeinde als *Lebensort* – auch um derentwillen, die sich dafür engagieren, dass in der Gemeinde Leben blühen und wachsen kann. Die Frage, die zum besserenVerständnis der Eigenbewegung der Gemeinde leitet, lautet deshalb, wie oben festgestellt, nicht: «Was machen wir aus der Kirche? Was hat die Kirche zu machen?», sondern: «Wie wird Kirche?»[37] In laufenden Ermittlungen kann die Frage auch umformuliert werden: Wie entsteht bei uns Leben? Wo kommen bei uns Freundschaften zustande? Wie wird Glauben geweckt?

Dahinter steht die Erkenntnis, dass das Besondere des Gemeindelebens in der *alltäglichen Lebenspraxis* liegt. In einem lebensweltlichen Kontext, in dem Religion in der Regel in der freien Zeit stattfindet, ist die Klärung der Spannungen, die sich aus dieser Verortung «im Fluge unserer Zeiten» ergeben, wichtig. Das Gemeindeleben ist keine reine Freizeitangelegenheit, weil sie das ganze Leben umfasst. Ob die Gemeinde hält, was sie verspricht, zeigt sich in schweren Zeiten. Die Signatur der Alltäglichkeit prägt auch den Gottesdienst am Sonntag. Er zeigt sich im Gang der Liturgie, die von der Sammlung zur Anbetung führt, um das zu verdanken, was sich erfüllt, und das zu beklagen, was der Erlösung harrt. Von da aus geht es in der Verkündigung darum, Leben im Licht des Evangeliums zu bedenken und in der Fürbitte vor Gott zu bringen, was bedrückt. Am Ende der Feier empfängt die Gemeinde den Segen Gottes und wird gesendet. Das Ziel des Gottesdienstes ist die Zurüstung für den Alltag!

Umgekehrt soll das Gottesdienstliche auch im Alltag gegenwärtig werden – sicher auch, aber nicht nur, im Gebet. Die *Heiligung* des Lebens findet

---

[36] Vgl. dazu Cla Reto Famos, Kirche zwischen Auftrag und Bedürfnis. Ein Beitrag zur ökonomischen Reflexionsperspektive in der Praktischen Theologie, Münster 2009.

[37] Mostert, Ekklesiologie, 23.

ja gerade nicht in einer Sonderwelt statt, sondern im beruflichen und familiären Kontext und selbstverständlich auch in der Freizeit. Die Lebensformen der Gemeinde – seien dies Arbeitsgruppen, Mittagstische, Erwachsenenbildung, Chorsingen – können mehr oder weniger explizit «religiös» sein. Sie bieten so oder so auf jeden Fall Räume für die Übung und Einübung des Alltäglich-Heiligen in einem weiten Sinne.

Was in der Überlieferung berichtet und in der Übersetzung erprobt wird, teilt sich durch Erinnerung und Erfahrung mit. Aber das, was das Evangelium mitteilt, muss immer *interpretiert* werden. Was andere vor uns im Glauben und im Unglauben gesät haben, ist gewachsen und hat Frucht getragen. Es ist verschmolzen mit der Sprache der Sehnsucht, die alle Völker kennen. «Göttliches Wort» wird in, mit und durch «menschliches Antworten» transformiert. Es kommt in übersetzter, in verborgener und zuweilen auch in verkümmerter und verkrüppelter Form zum Übersetzer zurück. Gemeinde ist darum nie in Reinform einer göttlichen Wortschöpfung zu ermitteln, sondern immer nur greifbar als Ergebnis einer Interpretationsleistung in einer bestimmten Kultur.

Wie geht das jetzt zusammen? Wenn wir danach fragen, wie Kirche wird, fragen wir nach der «Interpretation» des Gemeindelebens. Damit ist nicht nur und nicht in erster Linie an die exegetische Arbeit der akademischen Theologinnen und Kanzelredner gedacht, die nach Spuren von Engeln in einem Stück Leben suchen. Ich rede vom Prinzip, dass jede Christin das Evangelium interpretiert, wie eine Musikerin ein Stück interpretiert. Leib und Leben sind ihr Instrument! Um es mit der bekannten Paradoxie von Paul Watzlawick zu sagen: Wir können, solange wir leben, nicht nicht interpretieren. Interpretation ist unvermeidbar. Das gilt auch für das kollektive Subjekt der Gemeinde. Sie ist eine Gemeinschaft, die das Stück «Nachfolge» für ihre Zeit und in ihrer Kultur neu interpretiert.

Ist das zu idealistisch gedacht? Ist es ein frommer Wunsch? Die Pointe der christologisch fundierten und zentrierten Ekklesiologie ist jedenfalls kein *Ideal*, sondern insistiert darauf, dass Jesus Christus das *Original* der Gemeinde ist. Sich an ihn er-*innern*, heisst, in der Spannung von Freiheit und Treue, ihm Raum zur Entfaltung zu geben. Er kommt – namentlich wenn man ihn zu zweit oder zu dritt ruft (Mt 18,23), weil er schon mitten unter uns lebt (Mt 28,19). Die eigentliche Herausforderung der Gemeinde besteht also darin, Interpretationsgemeinschaften zu bilden, die eine gemeinsame Erinnerung an das Original pflegen und daraus neue Glaubens- *und* Lebenserfahrungen schöpfen.

4.2.5 Perspektivenwechsel

Sollen wir also Urgemeinde spielen? Dies wäre nicht nur naiv, es wäre auch theologisch verkehrt. Der Versuch, das Original zu kopieren, muss scheitern. Für die praktisch-theologische Ermittlung von Gemeinde finde ich es verheissungsvoller, die Hypothese zu prüfen, dass dort, wo die *Spannung* von Original und Übersetzung gehalten wird, auch das Leben der Gemeinde aufspürbar ist. Natürlich könnte man diese Spur auf den klassischen Fährten weiterverfolgen, um dann in den pastoralen Handlungsfeldern zu landen. In der Predigt geht es beispielsweise darum, dass Diener des göttlichen Wortes das Original des Evangeliums so geistreich interpretieren, dass die Hörer Impulse bekommen, ihr Leben im Licht des Evangeliums selber zu interpretieren. Von der Theologin kann schliesslich erwartet werden, dass sie die nötige Kompetenz für die Übersetzungsarbeit mitbringt.

Selbstverständlich lassen sich auf diesem Weg die gemeindebildende Relevanz der guten Liturgie, Bildung, Seelsorge und Diakonie ermitteln und in handlungsleitende Maximen für Praktikerinnen und Praktiker übersetzen. Dagegen ist nichts einzuwenden! So funktionieren Praxistheorien. Die Subdisziplinen der Praktischen Theologie setzen die klassische Ortsgemeinde voraus. Sie reflektieren die Praxis der bestehenden Kirche aus der *pastoralen Perspektive*.

Die Spurensuche bei den laufenden Ermittlungen im Fall der lebendigen Gemeinde kann aber steckenbleiben, wenn sie in dieser Routine der pastoralen Perspektive verharren und nur den gewohnten Denkwegen folgen würde. Nur zu schnell beginnt die Suche nach der Superpfarrerin, die den Jungen und den Alten gefällt und es denen dazwischen auch noch recht machen soll. Wenn diese Studie davon ausgeht, dass die Gemeinde das Subjekt ihrer Interpretation ist, orientiert sie sich an einer anderen Logik.[38] Ich erinnere noch einmal an das Verfahren der Ermittlung. Wer bei Maigret, Wallander oder Brunetti in die Schule gegangen ist, kennt die Methode des Perspektivenwechsels. Rückt man die entstehende Gemeinde ins Blickfeld und fragt, wie sie wird, werden die *primären Vollzüge* interessant. Was ist damit gemeint?

---

[38] Ich möchte nicht den Anschein erwecken, hier gehe es um Alternativen. Der Perspektivenwechsel lässt *anderes* in den Blick kommen. Das schliesst nicht aus, das man mit neuen Augen die alte Fährte wieder weiter verfolgt.

4.2.6 Kommunikation des Evangeliums in drei Spannungsfeldern

Christian Grethlein hat in seinem Lehrbuch der Praktischen Theologie einen methodischen Ansatz gewählt, der nach den lebensweltlichen Entstehungsbedingungen der Gemeinde fragt.[39] Grethlein hat sich für den kritischen Leitbegriff der «Kommunikation des Evangeliums» entschieden. Das trifft es recht gut. Ich finde den Versuch verheissungsvoll, weil er dazu anleitet, kirchliche Konvention kritisch und konstruktiv auf das hin zu befragen, was die Gemeinde zum Leben braucht. In Anlehnung an Grethlein, schlage ich vor, nach den folgenden Grundspannungen Ausschau zu halten:

– Interaktion und Sozialisation
– Kontemplation und Aktion
– Inklusion und Mission

Natürlich sind das auf den ersten Blick abstrakte Beschreibungskategorien. Sie sind um der theoretischen Fassbarkeit willen in dieser Studie begrifflich gefasst. Gemeint ist gleichwohl das *Elementare*. Gemeinde lebt, wo gute *Beziehungen* gepflegt werden und *Gemeinschaft* entstehen kann. Sie lebt vom *Gebet*, das in der Bitte kulminiert, dass *Gottes Reich komme* und sie blüht da auf, wo die *Einbindung* der Verletzlichen oberste Priorität der Mission wird!

Das Programm der elementaren Handlungen kann im begrenzten Rahmen dieser Studie nicht weiter entfaltet werden. Ich bescheide mich damit, die Fragen zu stellen, die ich für die Ermittlung des Gemeindelebens für weiterführend halte:

– Welche *Interaktionsmuster* lassen Gemeinde entstehen? Welche Vorstellung des gemeinsamen Lebens soll durch *Sozialisation* kultiviert und weitertradiert werden?
– Wie können die sozialen Beziehungen durch den Glauben erneuert und re-orientiert werden? Wie verbinden sich im gemeinsamen und individuellen Beten Gottesliebe und Nächstenliebe oder anders gefragt: Wie kommt die *Kontemplation* zur *Aktion* und vice versa?
– Wie kann schliesslich die Sammlung und Sendung der Gemeinde in die Spannung von *Inklusion* und *Mission* übersetzt werden? Wo trifft die Vision einer menschliche(re)n Gemeinschaft mit der Hoffnung auf das Reich Gottes zusammen?

Mit Blick auf die im ersten Kapitel vertretene These, dass der Aufbau der Gemeinde für den Umbau der Kirche Orientierung sein soll (1.1.3), haben diese Suchfragen den Charakter handlungsleitender Maximen. Es sind *Such-*

---

[39] Vgl. dazu Christian Grethlein, Praktische Theologie, Berlin 2012.

fragen, weil es keine vorfabrizierten Gemeindebausätze gibt, die man mit einer Anleitung à la IKEA zusammenbasteln könnte. Wir sollten unsere Hoffnung nicht auf religiöse Do-it-yourself-Kirchen setzen.

Um die Bedeutung der ermittelnden Suche wenigstens ansatzweise zu zeigen, konzentriere ich mich auf das dritte Begriffspaar: Inklusion und Mission. Es enthält am meisten «Irritationspotenzial». Denn sowohl Inklusion als auch Mission sprengen die Vorstellungen einer Normalgemeinde. Sie provozieren zum anfänglichen Denken. Ich frage zunächst, was es für den Aufbau der Gemeinde bedeutet, wenn Inklusion zur Mission wird (4.3.) und dann vice versa, was es heisst, wenn Mission als Inklusion interpretiert wird (4.4). Am Beispiel der Inklusionsdebatte und der fxC-Bewegung soll ermittelt werden, welches Potenzial der Lebensform der Gemeinde zukommt.

4.3 Inklusion als Mission – oder eine Impression von der Kraft der Gemeinde

4.3.1 Implizite und explizite Inklusion

Wer nach der Inklusionskraft der Gemeinde Ausschau hält, fragt als Erstes: Wer gehört eigentlich dazu und wer nicht? Und erst danach: Was geschieht mit der Gemeinde, wenn sie sich für Menschen öffnet, die am Rand der Gesellschaft leben, stigmatisiert oder behindert sind?[40]

Es liegt auf der Hand, dass es bei einer solchen Zuspitzung der Frage nach Zugehörigkeit Klärungsbedarf gibt. In welchem Verhältnis steht ein *explizites Inklusionsprogramm* zur *impliziten Inklusion*, die eine volkskirchliche Gemeinde, z. B. durch die religiöse Unterweisung, (eigentlich) leisten sollte? Steht die eine zur anderen Inklusion in Konkurrenz? Gibt es Berührungspunkte? Ist nicht die Gemeinde der Heiligen per se und per definitionem inklusive Praxis? Schliesslich lädt Jesus alle ein! Wie passt das «Programm» der Normalgemeinde zu einem solchen Ideal? Läuft das Programm der real existierenden Gemeinde nebenher oder einem visionären Inklusionsprogramm hinterher? Und wie muss man sich die Implementierung eines Inklusionsprogramms vorstellen?

---

[40] Das Kapitel ist eine überarbeitete und gekürzte Version eines Beitrags in: Ilona Nord (Hg.), Inklusion im Studium Evangelischer Theologie. Grundlagen, Kritik, Perspektiven mit einem Schwerpunkt im Bereich von Sinnesbehinderungen, Leipzig 2015 (im Druck). Ich knüpfe auch an Überlegungen zur inklusiven Gemeindepraxis an, wie ich sie im «Handbuch Inklusion in der Kirchengemeinde» entfaltet habe. Vgl. Ralph Kunz, Inklusive Gemeinde. Die christliche Gemeinde im Horizont ihrer gesellschaftlichen Verortung, in: Ralph Kunz/Ulf Liedke (Hg.), Handbuch Inklusion in der Kirchengemeinde, Göttingen 2013, 53–84.

Ich rede – wie erklärt – lieber davon, dass Jesus ein Original ist. Gemeinde entsteht, weil sie sich auf seine inspirierende und provozierende Formgebung einlässt und auf seine Originalität verlässt. Lässt man sich von Jesus inspirieren, kann Inklusion als ein Prozess begriffen werden, «der darauf zielt, den in Gott angelegten Beziehungsreichtum in der Sozialgestalt des Glaubens zu entfalten».[41]

Das ist zwar klug formuliert, aber versteht sich dummerweise von selbst! Wenn Kirche nämlich eine Gemeinschaft ist, die definitionsmässig für alle Menschen offen ist und zu der alle ohne Diskriminierung eingeladen sind, ist Kirche ihrem Wesen nach inklusiv oder sie ist nicht Kirche. Dieser Anspruch kann dem Geist nach dem Buchstaben des entsprechenden Grundsatzpapiers des ÖRK zum Thema Inklusion entnommen werden.[42] Übersetzt man den Anspruch in ein Programm, lassen sich – in Anlehnung an den heilpädagogischen Inklusionsdiskurs – folgende strukturelle Momente ausmachen. Es geht darum:

– eine inklusive Kultur zu schaffen,
– inklusive Strukturen zu etablieren,
– inklusive Praktiken zu etablieren.[43]

Ist das abstrakt? Ist es ideal? Nein! Es wird sehr schnell konkret und weckt entsprechende Widerstände. Man muss sich entscheiden, was wichtiger ist: dass beispielsweise Menschen mit Demenz oder anderen kognitiven Behinderungen im Gemeindeleben ihren Platz finden oder dass die Gemeinde ungestörte Gottesdiensterlebnisse geniessen kann. Haben wir denn nicht Heime für alle, die stören? Der Konflikt lässt sich (scheinbar) entschärfen, wenn man sich entscheidet, beides anzubieten: Gottesdienste für alle Fälle und Gottesdienste für jeden Fall in Sondersettings. Zwei Fragen stellen sich: Wer geht und feiert mit den Ausgeschlossenen? Wann feiern wir wirklich alle zusammen? Würde Jesus heute eine Zöllnerkirche, eine Selbsthilfegruppe für frustrierte Zeloten und eine galiläische Fischergemeinde gründen?

4.3.2 Inklusion als programmatische Differenz

Die Rückfragen sollen deutlich machen, dass wir uns etwas vormachen, wenn wir unser Gemeinde- und Gruppenleben als inklusiv bezeichnen. Inklusion ist

---

[41] Kunz, Inklusive Gemeinde, a. a. O., 59.
[42] ÖRK, Kirche aller. Eine vorläufige Erklärung (2003). Online greifbar unter: http//tinyurl.com/ m7c49r9 (01.07.2015).
[43] Ines Boban/Andreas Hinz, Inklusive Pädagogik, in: Kunz/Liedke, Handbuch Inklusion, 113–146, bes. 133–144.

eine Vision. Dass zwischen der *Vision* und *Wirklichkeit* der real existierenden Kirche eine Kluft ist, überrascht nicht sonderlich. Die Differenz gehört in gewisser Weise zur Begleitmusik des Inklusionsdiskurses.[44] Die Kluft zwischen dem Wunsch nach «unmittelbarer, gesellschaftlicher Zugehörigkeit»[45] der Betroffenen und der Realität gilt insbesondere bei der Behindertenhilfe für alle Bereiche. Insofern kann die Überwindung dieser Differenz ein *utopisches* Entwicklungsziel genannt werden. *U-topos* ist der Ort, den es (noch) nicht gibt. Wie realistisch ist diese Utopie mit Blick auf Kirchgemeinden?[46]

Tatsächlich müsste man, wenn man Inklusion nur im Licht der Maximalforderung sähe, das Programm als eine Art «Inklusivismus» entlarven. Das erhöhte Interesse am Thema in Theologie und Kirche wäre dann im harmlosesten Fall eine sozialromantische Mode und schlimmstenfalls Anzeichen einer ideologischen Unterwanderung.[47] Um nicht in diese Falle zu tappen, ist es hilfreich, den Blick zu weiten. Es scheitert ja nicht nur das Programm Inklusion an der Wirklichkeit. Wie steht es um die Gleichberechtigung der Geschlechter? Welche Gemeinde realisiert konsequent symmetrische Strukturen? Wo gelingt die konsequente Beteiligung der Generationen? Und welche Gemeinde schafft es, das gegenseitige Priestertum zu realisieren?

Wer mit idealen Vorstellungen hantiert, sieht sich mit einem grundsätzlichen Problem der Gemeindepraxis konfrontiert: Es ist unmöglich, alle Wünsche zu erfüllen. Mit derselben Emphase mit der man für die «Kirche für alle» eintreten kann, lässt sich ja auch die «Kirche für andere» propagieren. Das eine Programm zieht Differenzen ein, die das andere aufheben will. Entsprechend hoch ist das Frustrationspotenzial derjenigen, die vorfindliche Praxis verändern möchten. Soll man also das Utopische aus dem Programm streichen? Das sei ferne! Mit derselben Logik, mit der man die Inklusion aus dem Programm «Gemeinde» streichen müsste, wäre dann auch das Ideal der

---

[44] Sie zeigt sich u. a. in der Theoriebildung. Die Auseinandersetzung zwischen den Theorien der sozialen Ungleichheit und der systemtheoretischen Verwendung der Inklusions-Exklusions-Unterscheidung ist Spiegelbild einer Wunsch-Wirklichkeit-Spannung. Zur unscharfen Begriffsverwendung in der systemtheoretischen Debatte vgl. Sina Farzin, Inklusion/Exklusion. Entwicklung und Probleme einer Unterscheidung, Bielefeld 2006, 109–113.

[45] Georg Theunissen, Von der ‹Asylierung› zur ‹Inklusion›. Zeitgenössische Paradigmen der Behindertenhilfe, in: Johannes Eurich/Andreas Lüdepohl (Hg.), Inklusive Kirche (Beiträge zu diakonisch-caritativen Disability Studies 1), Stuttgart 2011, 50–63, hier 56.

[46] Vgl. dazu Jan Hendriks, Gemeinde als Herberge. Kirche im 21. Jahrhundert – eine konkrete Utopie, Gütersloh 2001.

[47] Vgl. dazu Christian Liesen, Inklusion in einer demokratischen Leistungsgesellschaft, in: ders./Ursula Hoyningen-Süess/Karin Bernath (Hg.), Inklusive Education. Modell für die Schweiz? Internationale und nationale Perspektiven im Gespräch, Bern/Stuttgart/Wien 2007, 141–153, hier 146f.

Partizipation oder die Mission als Entwicklungsziel der Gemeindepraxis zu eliminieren.

Die Erweiterung der Horizonte des Scheiterns dient dazu, Inklusion als ein Entwicklungsziel neben andere zu stellen. Es geht also darum, nach Wegen zu suchen, wie eine pragmatische Annäherung gelingen kann und wie verschiedene – möglicherweise konfligierende Ziele – miteinander verbunden werden können. Es gilt für Inklusion, was für jedes Entwicklungsziel im «Kraftfeld der Liebe»[48] gelten muss: Inklusion muss Freude machen. Nur so kommt ein Prozess in Gang.

4.3.3 Die Mission der Inklusion

Darum muss zuerst die Ideologie bekämpft werden. Dazu verhilft mit Blick auf Inklusion eine sorgfältige Aufarbeitung der Theorie(n). Ulf Liedke hat an verschiedenen Orten auf den Theoriemix in und hinter den unterschiedlichen und zum Teil widersprüchlichen Begriffsverwendungen von Inklusion und Exklusion hingewiesen. Die Begriffe haben in der Systemtheorie,[49] in der Soziologie der sozialen Ungleichheit, im sozialwissenschaftlichen Diskurs über Behinderung und gesellschaftliche Vielfalt und in der sozialpädagogischen Anwendung eine je spezifische Bedeutung. Liedke stellt fest, dass die inklusive Gemeindeentwicklung besonders durch die Diskussionen in der Sozialpädagogik angeregt wurde.

Daraus lässt sich m. E. auch die Tendenz zur gesetzlichen Lesart erklären. Die Vision einer Gesellschaft, die Diskriminierung, Marginalisierung und Ausgrenzung abbaut, setzt einen sozialethischen Wertebegriff oder Ideal voraus. Das Ziel soll durch rechtliche, strukturelle und politische Veränderung erreicht werden.[50] Inklusion wird als Recht auf «Nicht-Aussonderung» und «unmittelbare Zugehörigkeit»[51] verstanden. Das idealistische Moment wird dadurch gesteigert, dass es nicht nur um das Zusammenleben von Menschen mit und ohne Behinderung, sondern darüber hinaus um das «Miteinan-

---

[48] Nach Christian Möller, Lehre des Gemeindeaufbaus, Bd. 1, Göttingen 1987, 249–263.

[49] Vgl. Armin Nassehi, Gesellschaft der Gegenwarten, Frankfurt a. M. 2011, 161–190.

[50] Vgl. dazu Markus Dederich, Inklusion in Europa – im Spannungsfeld von Wunsch und Wirklichkeit. Vortrag im Rahmen der 13. Internationalen ökumenischen Fachtagung zur Pastoral von Menschen mit Behinderung in Aachen 2009. Online greifbar unter: http://tinyurl.com/lrf2w8h (01.07.2015).

[51] Theunissen, Von der ‹Asylierung› zur ‹Inklusion›, 56.

der unterschiedlichster Mehr- und Minderheiten»[52] geht. Die Überwindung ungerechter Exklusion wird mit dem Anliegen der Diversität gekoppelt.[53]

An dieser Mission und Weltverbesserungsprogramm muss, wie gesagt, jede Kommune scheitern. Das «Recht auf Einschluss» kann ja nicht erzwungen werden! Es geht um Freundschaft.[54] Hier kommt nun aber die Gemeinde ins Spiel – weniger als Utopie und mehr als Heterotopie, also ein Ort, an dem es anders zugeht. Die Gemeinde kann eine evangelische Interpretation von Inklusion wagen, weil der menschliche Anspruch durch ein göttliches Versprechen getragen und gehalten wird. Letztlich ist die Verheissung von Gottes Freundschaft zu den Menschen die Basis der inklusiven Gemeindepraxis.[55]

Das hebt die Verantwortung der Gemeinde nicht auf. Es beflügelt sie. Denn dafür, dass die göttliche Verheissung kein leeres Versprechen bleibt, sorgt die Menschlichkeit der Gemeinde. Gibt es eine schönere Aufgabe als diese: menschlicher zu werden? Weil das nur Schritt für Schritt geht und uns da und dort gelingt, heisst die Devise nicht Perfektion, sondern *Wachstum* der Gemeinde: auf das Ziel hin, dass das Versprechen Gottes, für alle da zu sein, konkret erfahrbar wird. Im Lichte einer theologisch definierten Verschränkung von Inklusion und Entwicklung wird deutlich, wie eng *Programm* und *Prozess* zusammenhängen. Schöpfungstheologisch, christologisch und pneumatologisch betrachtet ist Inklusion eine göttliche Wirkung *und* eine menschliche Praxis und darum immer auch der *Anfang* und nie nur das Ziel der göttlich-menschlichen Kooperation.

4.3.4 Inklusion als Testfall

Inklusion ist ein Testfall für das Gemeindeleben, weil sich daraus Kriterien für die Evaluation der gegenwärtigen Gemeindepraxis ableiten lassen. Die Gemeinde ist inklusiv unterwegs, solange sie sich auf den ausrichtet, der die

---

[52] Andreas Hinz, Von der Integration zur Inklusion – terminologisches Spiel oder konzeptionelle Weiterentwicklung?, in: Zeitschrift für Heilpädagogik 10 (2002), 354–361, hier 355.

[53] Inklusion unter der Prämisse gesellschaftlicher Veränderung und als Überwindung ungerechter Exklusionen zu sehen, ist nicht per se ideologisch, sondern eine theoretische Entscheidung. Eine Ideologisierung droht aber bei einseitiger Applikation. Vgl. Martin Kronauer, Inklusion – Exklusion. Eine historische Annäherung an die soziale Frage der Gegenwart, in: ders. (Hg.), Inklusion und Weiterbildung. Reflexionen zur gesellschaftlichen Teilhabe in der Gegenwart, Bielefeld 2010, 24–58, hier 56.

[54] Grundlegend ist John Swinton, Resurrecting the Person. Friendship and the Care of People with Severe Mental Health Problems, Nashville 2000.

[55] Auf die unterschiedlichen Dimensionen des Entwicklungsbegriffs verweist Albrecht Grözinger, Praktisch-theologische Perspektiven, in: Kunz/Schlag, Handbuch für Kirchen- und Gemeindeentwicklung, 57–64.

Exklusionsmuster der Welt überwunden hat. Sie wird sich dann (von) selbst die Frage stellen: Ist das alles, was wir an Nächstenliebe fertigbringen? Sieht die Umsetzung des Evangeliums so aus? Sind wir anders? (Mt 7) Wird das Evangelium, das die Armen, Trauernden und Verfolgten seligpreist, verkündigt und gelebt? (Mt 5) Wird Evangelium in den Modi des Helfens, des Feierns und des Lernens kommuniziert?[56]

Wir haben es mit eine konkreten Gestalt der *metanoia* (4.2.1) zu tun. Die vom Original inspirierte *Sozialgestalt* stellt die bestehende Gemeinde in Frage und beraubt sie ihrer Selbstverständlichkeit und Selbstgefälligkeit. Doch die Identifizierung defizitärer Praxis ist nur die eine Seite des Tests. Eine Feststellung der Mängel bliebe im Negativen stecken, wenn man die Kritik nicht zum Anlass nähme, nach Gott zu fragen. Denn die Zeichen seiner Praxis, die Menschen involviert, sind schon jetzt erkennbar. Das meint Ermittlung. Die inklusive Praxis mag auf den ersten Blick unscheinbar sein, aber den vorhandenen Spuren gilt es nachzugehen und sie mittels bestimmter Indikatoren zu identifizieren. Ich denke beispielsweise an den Chor einer Stadtgemeinde, der Kinder und Jugendliche aus ganz unterschiedlichen lebensweltlichen Milieus über das Singen zu einer Gemeinschaft verbindet. Inklusionssensible Gemeindeentwicklung beginnt mit der Wahrnehmung der gelebten Inklusion. Erst dann fährt sie fort, das inklusive Entwicklungspotenzial für andere Handlungsfelder der Gemeindepraxis zu reflektieren.

In diesem Lichte besehen kann Inklusion als Variation des *Missio-Dei*-Themas begriffen werden.[57] Gottes Sendung in die Welt geht der Sendung der Kirche voraus. Der ominöse Begriff «Mission» signalisiert das Gegenteil ideologisch verbrämter Weltveränderungsallüren. Mission ist ein unverzichtbarer Aspekt und damit zugleich eine durchgehende Perspektive des Gemeindeaufbaus. Wenn einmal erkannt und benannt wird, wo und wie Inklusion Gemeinde baut, lassen sich Ansätze für Förderung, Stärkung und allenfalls auch Neuausrichtung der Kommunikation des Evangeliums diskutieren. Ein Knackpunkt in dieser Diskussion sind die Verbindungen mit den Praxisfeldern der Ortsgemeinde:[58] Was meint konsequent inklusive Konfirmandenarbeit? Wie verändert sich die Erwachsenenbildung, wenn andere Menschen angesprochen werden? Könnte die Gottesdienstpraxis gastfreundlicher und offenherziger werden? Wo und wann kann die Rücksicht auf die

---

56 Vgl. dazu Grethlein, Praktische Theologie.

57 Ralph Kunz, «Missio Dei» als Leitbegriff einer kritischen Missiologie, in: Christina Aus der Au/Ralph Kunz/Thomas Schlag/Hans Strub (Hg.), Urbanität und Öffentlichkeit. Kirche im Spannungsfeld gesellschaftlicher Dynamiken, Zürich 2013, 189–198.

58 Zu allen Themen siehe die entsprechenden Beiträge in: Kunz/Liedke, Handbuch Inklusion in der Kirchengemeinde.

besonderen Bedürfnisse von geistig oder körperlich beeinträchtigten Menschen zum Erfahrungsplus für alle Beteiligten werden?

4.3.5 Der Index als Methode

Solches Nachfragen wird präzise, wenn die konkrete Gemeindepraxis in den Blick kommt. Entscheidend für den Erfolg einer Implementierung inklusionssensibler Parameter in der Gemeindeentwicklung ist die sorgfältige *Evaluation* der vorfindlichen Praxis. Ich wechsle bewusst die Begrifflichkeit und verwende einen Terminus technicus der Entwicklung. Nehmen wir den Begriff beim Wort. Evalution heisst auch Wertschätzung. Eine Prüfung des Gemeindelebens muss, wenn sie nicht zur Lähmung führen soll, zuerst das Vorfindliche wertschätzen und das Potenzial des vielfältigen Miteinanders abschätzen. Dazu gehört auch das ehrliche Prüfen der Risiken, die eine allzu forsche – rücksichtslose – Einschlussstrategie mit sich bringt.

Als Methode bietet sich der Index an. Ein Index ist ein ressourcenorientierter Ansatz der Evaluation und fragt in erster Linie konstruktiv nach Anzeichen gelingender Praxis und in zweiter Linie kritisch nach möglichen blinden Flecken, die andere sehen, um aus dieser Analyse auf das Entwicklungspotenzial der Gemeinde zu schliessen. Das pädagogische Institut der Evangelischen Kirche im Rheinland hat mit der Orientierungshilfe «Da kann ja jede(r) kommen»[59] ein sehr hilfreiches Instrument für ein solches Verfahren geschaffen. Dass die Broschüre vergriffen ist, kann als gutes Omen gewertet werden. Offensichtlich wird sie gebraucht und Gemeinden machen sich auf den Weg, die Herausforderung anzunehmen.

Die Indexmethode ist paradigmatisch. Sie leitet dazu an, Inklusion als Verheissung zu sehen, die da und dort – wie die Wunder Jesu – zeichenhaft Gestalt annimmt. Das Visionäre hat sich schon längst verkörpert und inkarniert sich immer wieder neu. Man kann diese Verkörperungen entdecken und sich von ihnen inspirieren lassen, das Potenzial der christlichen Gemeinde neu in den Blick zu nehmen. Zum Beispiel macht es Mut, wenn eine Gemeinde in Berlin regelmässig Gottesdienste für Menschen mit Demenz und ihre Angehörigen feiert und es dadurch gelingt, ganz unterschiedliche Gruppen und Gemeindeglieder zu einer bunten Gemeinschaft zu vereinen.[60]

---

[59] Die Broschüre ist zwar vergriffen, aber abrufbar unter: http://www.ekir.de/pti/ orientierungs-hilfe-da-kann-ja-jede-r-kommen-709.php (07.03.2015).

[60] Das Beispiel ist gut dokumentiert und lädt ein, es nachzuahmen. Auskunft gibt eine Studienarbeit, die am Lehrstuhl in Zürich entstand, abrufbar unter: http://www.theologie.uzh.ch/ faecher/praktisch/kirchenentwicklung/projects/Diskussionsbeitraege/Studienarbeit_ Demenz_Zoebeli_2013–1.pdf (Zugriff 07.03.15).

Inklusion bleibt eine Vision. Sie ist aber keine Illusion. Denn der Glaube ist kein Einbildung, sondern traut der Kraft der Bildung, die beim Original ansetzt und aus seiner Gegenwart schöpft. Es mögen Fantasten und Utopisten sein, die in der Gemeinde der Heiligen Dinge realisieren, die scheinbar unrealistisch sind. Die Hoffnung ist eine Zuversicht auf Dinge, die man nicht sieht und die Liebe Gottes macht möglich, was Menschen völlig unmöglich finden. Wenn Verfeindete versöhnt und versehrte Menschen nicht nur versorgt oder gar entsorgt werden, wenn ihre Normalität bewahrt und nicht nur verwahrt wird, gewinnt die Gemeinde jene Menschlichkeit und Lebendigkeit, die ihr in der Nachfolge Christi verheissen ist.

4.4 Mission als Inklusion – oder die Expression der Vielfalt der Gemeinde

4.4.1 Noch einmal: Wildwuchs

Die Vision der für alle offenen und diversen Gemeinschaft ist nicht für jeden und jede ein Ideal! Läuft das nicht auf eine Quadratur des Kreises hinaus? Es gibt doch unterschiedliche Bedürfnislagen! Warum muss die Diversität in ein Format von Gemeinde gepresst werden? Wäre es nicht klüger, die Formate zu diversifizieren?

Zu sagen, es gehe nun um das Gegenstück der Inklusion, wäre irreführend.[61] Im Fokus ist eine andere Kirchenvision, die nicht alternativ, sondern komplementär oder subsidiär zum parochialen Ortsgemeindemodell gesehen werden soll. Emil Brunner nennt die «mobile Stiftshütte» das Vorbild einer Missionskirche, die Gemeinde gründet. Diese neuen Gemeinden können sich weder auf ein Bekenntnis noch auf Schriftautorität noch auf die Liturgie berufen. Er meint denn auch, Predigt und Sakrament gehörten dorthin, «wo bereits Gemeinde ist, nicht dort, wo sie erst werden soll oder wird».[62]

Ich habe die mit einer solchen Verflüssigung der Tradition verbundene Problematik mit dem Stichwort «Wildwuchs» schon angesprochen (4.1.1). Es ist eine Metapher, die meistens dann im Kirchendiskurs auftaucht, wenn die Auflösung von Formen, Inhalten oder Strukturen befürchtet oder kurz: Beliebigkeit beklagt wird – sei dies in liturgischen, unterrichtlichen oder seelsorgerlichen Belangen. Wenn hinsichtlich Gemeindeentwicklung oder -gründung tatsächlich Wildwuchs herrschen würde, hätte das selbstverständlich gravierende Folgen. In der Geschichte der evangelischen Kirchen

---

61 Überarbeitete Fassung eines Beitrags in: Pastoraltheologie 34/2 (2014), 1–10.
62 Brunner, Erneuerung der Kirche, 31.

gab es immer wieder Phasen, in denen die Einheit der Kirche durch *Auswüchse* gefährdet war.[63] Man muss kein Ordnungsfanatiker sein, um das Gefahrenpotenzial von Abspaltungen zu erkennen.

Historisch betrachtet gilt es freilich zu beachten, dass die Ausdifferenzierung in Lager und Parteien den Umbau von der Staats- zur Landeskirche provozierte und beschleunigte (3.3.2). Die gelebte und gepflegte Vielfalt hat letztlich das Bewusstsein für den Zusammenhalt der Kirche im Sinne einer innerevangelischen Ökumene gestärkt.[64] Eine kontrollierte Pluralisierung und Profilierung der Glaubens-, Feier- und Sozialgestalten des Glaubens kann so gesehen zur Stabilisierung der Organisation beitragen. Zumindest wäre zu klären, *welche Auswüchse* die Einheit gefährden und *welche Vereinheitlichungsideale* die «Weiterführung der Reformation» verhindern. Klärungsbedürftig ist in diesem Zusammenhang sicher beides: die theologische Bedeutung der «Einheit» und der «Tradition» der Kirche.

Wenn ich im Folgenden behaupte, Gemeindegründungen setzten kreative Impulse frei und hätten eine stimulierende Wirkung auf die Kirchenentwicklung, schlage ich die Bedenken, die man ins Feld führen könnte, nicht in den Wind. Was den Einen als Auswuchs der Häresie erscheint, ist für andere ein frischer Trieb, und was diese als Verwachsung der Tradition verachten, ist für jene der Stumpf, aus dem neues Leben für die Kirche kommt! Man kann insbesondere beim Thema *Gemeindegründung* oder, wie es Emil Brunner nennt, *Gemeindeschaffung* Konfliktpotenzial sehen. Wie sollen die neuen Gemeinden in die bestehenden Strukturen eingebunden werden? Nach welchen Kriterien werden Mittel zugesprochen? Wann ist eine Gemeinde (k)eine Gemeinde mehr? Der Bedenken sind viele! Wenn die Gefahren dieser Bewegung in den Vordergrund gerückt werden, überwiegen sie. Wenn man die Chancen stark macht, überwiegt die Begeisterung. Ich plädiere für ein nüchternes Abwägen der Chancen und Risiken.

---

[63] An der Problematik des Konventikel-Wesens ablesbar. Eine gute Zusammenfassung gibt: http://de.wikipedia.org/wiki/Konventikel.

[64] Um einen Blick über die Grenzen zu werfen: Ein gut dokumentiertes Beispiel zur Anschauung bietet die Gemeinde- und Kirchenentwicklung in Bremen. Sowohl das Reformierte wie das Lutherische wie das Pietistische sorgten für Ausdifferenzierungsprozesse. Eine Zerreissprobe war, ähnlich wie in Zürich, die Ausbildung liberaler und positiver Gemeinden. In Bremen schaffte es eine paritätisch zusammengesetzte Kommission, den «Wildwuchs in Bahnen zu lenken». Das Bewusstsein der kirchlichen Zusammengehörigkeit war dann doch stärker als die separatistischen Tendenzen. Vgl. Ortwin Rudloff, Art. Bremen, in: TRE, Bd. 7, 153–168, hier 162.

4.4.2 Versöhnte Verschiedenheit und verschiedene Versöhntheiten

Das Kirchen-Hybrid-Modell von Eberhard Hauschildt und Uta Pohl- Patalong hilft, die Pluriformität der Kirche soziologisch zu erklären[65] und das Ineinander der organisatorischen, institutionellen, symbolischen und dynamischen Dimension der Kirche in den Blick zu nehmen (siehe oben 1.2). Die Spannung von Institution und Organisation macht zwei Gefahren besser benennbar:

- Wenn Kirche nur noch als Organisation gesehen wird, droht eine Geringschätzung der Institution Kirche und ihres Auftrags.
- Wenn Kirche institutionell erstarrt, werden die Entwicklungspotenziale der Organisation unterdrückt.

Was bei diesem Dual herausfällt, ist die Bewegung. Es ist der Aspekt der Kirche, der nach dem Original fragt und eine Dynamik der Einheit und eine Dynamik der Vielfalt auslöst. Denn zur Bewegung gehört das Pathos, das sich zuerst auf den *Geist* und nachgeordnet auf das *Amt* der Einheit beruft.

Man kann diese Unterscheidung mit einem Verdacht gegen die Institution verbinden und hätte dann eine Spannung von Bewegung und Institution, die wiederum Gefahren bewusst macht:

- Wenn sich Kirche nur noch als Anstalt (Institution) gebärdet, werden Bewegungen erstickt.
- Wenn die Bewegungen sich gegen die Amtskirche richten, etablieren sie einen innerkirchlichen Antiklerikalismus, der die Tradition verdampfen lässt.

Aus solchen zirkulären Antagonismen finden wir nur heraus, wenn wir die Funktionalität der jeweiligen Kirchengestalt anerkennen. Mit Blick auf die Vielfalt der Bewegungen gilt: Sie ist eine Signatur der Kirche und steht nicht im Widerspruch zur Einheit. Das ist ein dialektisches Verhältnis – aber es gibt eine Priorität in der Reihenfolge. Die Voraussetzung einer Vielfalt, die gelebt und nicht nur toleriert werden soll, ist die Einheit! Und welche Einheit ist gemeint? Das Spiel wiederholt sich. Amt und Geist verhalten sich dialektisch zueinander. Das Amt der Einheit (Institution) symbolisiert den Geist der Einheit (Bewegung). Während die *Kommunikation* des Evangeliums eine Interpretationsgemeinschaft voraussetzt, deren Freiheit durch die Ordnung der Institution geschützt wird,[66] orientiert sich die Kommunikation des *Evan-*

---

[65] Vgl. Eberhard Hauschild/Uta Pohl-Patalong, Kirche (Lehrbuch Praktische Theologie 3), Gütersloh 2013, 216–220.
[66] Vgl. Grethlein, Praktische Theologie, bes. 81–88.

geliums in freier Weise am Bekenntnis zu Jesus Christus als dem Haupt der Gemeinde und Symbol der Einheit. Das Ziel jedes Gemeindeaufbaus ist deshalb, in der anfänglichen Liebe zu bleiben (Joh 13) und in allen Stücken an dem zu wachsen, der das Haupt ist, Christus (Eph 4,15), um eins zu werden: damit die Welt die *Missio Dei* erkennt (Joh 17,23)!

Diese geistliche Einheit ist anfänglicher, weil in Christus begründet, lässt sich aber weder erzwingen noch organisieren. Sie wächst. Dort wo sie erscheint, schenkt sie die Gabe der Unterscheidung der Geister und das Vertrauen, dass der Geist sich mitteilt, austeilt und verteilt (zu den Organisationsformen siehe 5.1). Vielfalt zuzulassen, ist solange kein waghalsiges Risiko, als allen klar ist, wer das Haupt der Kirche zu sein beansprucht. Vielfalt ist eine Folge der Verkündigung – so lese ich das Gleichnis der hundertfältigen Frucht (Mk 4,26–29).

In historischer Perspektive ist die These plausibel. Die Ökumene ist der lebendige Beweis einer (mehr oder weniger) versöhnten Verschiedenheit: das Evangelium entfaltete auf dem Areopag und in den Katakomben Roms unterschiedliche gemeindebildende Dynamiken. In der ökumenischen Vielfalt der Weltkirche zeigt sich die Kraft des *Wortes*, das tut, was es sagt und nicht leer zurückkehrt (Jes 55,11), und das für den *Geist* zeugt, der erfüllt, was Gott in Jesus Christus verspricht, und weht, wo er will (Joh 3,8)! Das Wort von der Versöhnung der verschiedenen Kirchen, die es Gott sei Dank nicht fertig bringen, ein gemeinsames Oberhaupt anzuerkennen, ergibt nur Sinn unter der Voraussetzung einer geistigen Una Sancta. Das Wort von der versöhnten Verschiedenheit ist darum auch ein Ja zum Wort der *Erneuerung*, das dort, wo es in Konventionen hineinspricht, Lebensformen des Glaubens innovativ, tiefgreifend und radikal transformieren kann.

4.4.3 Was ist Gemeinde? Stationen der Diskussion

Aber wovon ist die Rede, wenn von verschiedenen Formen oder Sozialgestalten des Glaubens gesprochen wird? Soll man weiterhin nur von «Gemeinden» sprechen? Man riskiert dann das Missverständnis der Verwechslung mit der Parochie (4.1). Wäre es nicht klüger, wie dies Fritz Schwarz in Anschluss an Emil Brunner vorgeschlagen hat, den Kunstbegriff Ekklesia einzuführen?[67] Die Fallstricke der Verwendung des Begriffs Gemeinde hat uns in dieser Studie verschiedentlich beschäftigt. In den evangelischen Kirchen wurde und wird der Gemeindediskurs wesentlich kritischer geführt als in den Frei-

---

[67] Fritz Schwarz/Christian Schwarz, Theologie des Gemeindeaufbaus. Ein Versuch, Neukirchen-Vluyn 1987, 121–133.
[67] Brunner, Erneuerung der Kirche, 30.

kirchen oder in der römisch-katholischen Kirche.[68] Auf eine Station der Diskussion möchte ich kurz eingehen, weil sie die Ängste und Hoffnungen rund um Gemeindegründungen verständlicher macht.

Die Geschichte der Sozialgestalt Kirchgemeinde, in der das, was wir phänomenologisch «das Gemeindemilieu» nennen, entstand, beginnt bezeichnenderweise mit einer Bewegung. Emil Sulze, der geistige Vater der sogenannten *Gemeindebewegung*, begründete zu Beginn des 20. Jahrhunderts ein bestimmtes Verständnis der Kirchgemeinde, das bis heute prägend ist. Es verbindet das (alte) Territorialprinzip mit dem Prinzip der geselligen Gemeinschaft. Gemeinschaft setzt im Kontrast zur Gesellschaft auf Beteiligung und Begegnung in einem überschaubaren Sozialraum. Gemeinde wird phänomenologisch zum *Verein*, in dem sich die Mitglieder kennen und miteinander persönlich verbunden sind.[69]

Die Gemeindebewegung hat in der Verbindung mit der Volksmission ein Fundament für das Gemeinschaftschristentum gelegt. Mitmachen ist ein Angebot. In den Kampfjahren vor und während des Zweiten Weltkrieges wurde um das rechte ekklesiologische Verständnis dieses Fundaments gestritten. Emil Brunners Vortrag von 1934 kann als Beitrag zu dieser Debatte gelesen werden (3.5). Das Gemeinschaftliche wurde unter dem Eindruck der faschistischen und kommunistischen Missbrauchsgeschichte verdächtig. Bezeichnenderweise wurde aber die Koppelung des Territorial- und Gemeinschaftsprinzips nie hinterfragt. Erst die Kirchenreform in den 1960er und 1970er Jahren griff die Frage der Strukturen auf und kritisierte den «morphologischen Fundamentalismus».[70] In den 1980er Jahren wurde heftig über den missionarischen und volkskirchlichen Gemeindeaufbau diskutiert. Die ideologischen Debatten traten in den 1990er Jahren deutlich in den Hinter-

---

[68] Interessant finde ich die römisch-katholische evangelische Rezeption des Gemeindebegriffs. Nach dem zweiten Vatikanischen Konzil avancierte Gemeinde zum Hoffnungsbegriff einer fortschrittlichen und romkritischen Ekklesiologie. Das heisst: «Gemeinde» steht in diesem Diskurs – durchaus im Geiste des Konzils – für das *Volk Gottes* und die *bewegte Basis*. Mit einer gewissen Selbstverständlichkeit setzen die engagierten Gemeindetheologen voraus, dass die Eigenbewegung der Gemeinde die Kirche erneuert und nicht gefährdet. Dafür sorgten auch Einflüsse der Politischen Theologie und später der Basistheologie. Vgl. dazu Christof Bäumler/Norbert Mette, Gemeindepraxis in Grundbegriffen. Ökumenische Orientierungen und Perspektiven, München 1987.

[69] Vgl. Emil Sulze, Die evangelische Gemeinde, Leipzig ²1912.

[70] Uta Pohl-Patalong hat die Parochiekritik der Reformer aufgearbeitet und nachgezeichnet, warum sich die reformerischen Impulse in den darauffolgenden Jahrzehnten wieder verloren haben. Vgl. Uta Pohl-Patalong, Ortsgemeinde und übergemeindliche Arbeit im Konflikt. Eine Analyse der Argumentationen und ein alternatives Modell, Göttingen 2003, 110–128.

grund. Es kam zu einer pragmatischen Wende, in deren Folge die Organisationsentwicklung die Diskurse dominierte.

Natürlich muss die Tour d'Horizon im Zeitraffer-Verfahren lückenhaft bleiben. Aber sie erlaubt zumindest das Fazit, dass alle Versuche, die Vorherrschaft des parochialen Modells zu beenden, bislang gescheitert sind. Das ist wichtig zu wissen, um den behaupteten kreativen Impuls der fxC, auf den ich gleich kommen werde, einzuordnen. Mit Blick auf den bescheidenen Erfolg der bisherigen Reformbemühungen lässt sich der Erfolg dieser fcX Bewegung besser erkennen. Darum blende ich noch einmal kurz auf die Reformversuche vor 50 Jahren zurück.

4.4.4 Der «morphologische Fundamentalismus» und die Vision der frischen Gemeinde

Die Kritik an der Struktur in den 1960er Jahren war mit der Hoffnung auf eine *neue Gemeindeform* verbunden. Dabei ging es weniger darum, welche Lieder gesungen werden und welche Themen besprochen wurden. Nicht die Modernisierung des Ausdrucks ist gemeint, sondern die Überwindung einer stark verteidigten Struktur. Besonders interessant ist in dieser Hinsicht die Phase der sogenannten Kirchenreform. Ein Zitat aus einem Vortrag von Peter Krusche auf der Tagung der Landessynode der Braunschweigischen Landeskirche vom 8. bis 10. Mai 1967 vermittelt etwas von der damaligen Gemütslage in den reformerischen Kreisen.[71] Bemerkenswert ist vor allem die Schlusspassage:

Ich möchte zum Schluss sagen, dass kirchliche Strukturen, dass die Art, wie wir als Gemeinde leben und zusammenkommen, die Bibel lesen und Zeugnis geben, u. U. lauter verkündigen, als die Predigt im Gottesdienst. Strukturen predigen heute lauter als das, was wir in ihnen sagen. Und deshalb geht es […] darum, dass wir die Strukturen dem Wort gemäss gestalten, so dass sie die Sendung der Gemeinde nicht mehr hindern, sondern sie fördern. Das ist ja überhaupt der Sinn jeder strukturellen Ausbildung, jeder Ordnung in der Kirche! Sie sollen nicht die Sendung der Gemeinde abfangen, sondern sie sollen die Sendung der Gemeinde voranbringen. Sie sollen die Zurüstung der Laien in ihrer alltäglichen Situation zu Zeugen Jesu Christi sicherstellen, kontinuierlich machen; allerdings nicht in einem letztgültigen Sinne, sondern offenbar in dem Sinne, dass Strukturen auch fle-

---

[71] Vgl. Jan Hermelink, Einige Dimensionen der Strukturveränderungen der deutschen Evangelischen Landeskirchen in den 1960er und 1970er Jahren, in: Siegfried Hermle/Claudia Lepp/Harry Oelke (Hg.), Umbrüche. Der deutsche Protestantismus und die sozialen Bewegungen in den 1960er und 70er Jahren, Göttingen 2007, 285–303, bes. 285–290.

xibel und überprüfbar sein müssen. Wir können prüfen: soll man das machen, soll man jenes lassen? Im Hintergrund muss aber die Frage stehen: wie kommen wir von unserem «morphologischen Fundamentalismus» weg? Wie kommen wir davon weg, dass wir über «Bibel in der Gemeinde» reden und zu ganz eindrücklichen Ergebnissen kommen, hier uns auch kritisch zurüsten lassen und eine gewisse Selbständigkeit gewinnen, dann aber den Strukturen unseres Gemeindelebens gegenüber von einer erstaunlich fundamentalistisch-positivistischen Einstellung sind?[72]

Bemerkenswert an diesen Worten ist der leidenschaftliche Angriff auf die «Struktur». Natürlich spricht hier der Zeitgeist! Der Ton ist antiinstitutionalistisch, die Intention ist die Stärkung einer auftragsgemäss organisierten Institution. Das war ein Jahr vor 1968. Im selben Jahr hielt auch Ernst Lange einen Vortrag zur Situation der Gemeinde, in dem sich diese Spur ebenfalls entdecken lässt.[73] Lange analysiert den Funktionswandel der Lokalgemeinde und fordert die «Ausbildung von anderen gleichwertigen Gemeindestrukturen».[74] Das grundsätzliche Ja für eine pluriforme Kirche ist aber von einer einheitlichen Vision begleitet. Lange propagiert einen Gemeindetypus, der programmatische Züge hat. Merkmal dieses Gemeindeprogramms ist die Selbstständigkeit und Selbstbestimmung der Gemeindeglieder.

Dem, was oben die «Interpretation der Gemeinde» heisst (4.2), eignet auch dieses *emanzipatorische* Moment. Engagierte und selbstbestimmte Mitgliedschaft, die im Unterschied zu einer von Brauchtum und überlieferter Sitte geprägten Mitgliedschaft auf die *Mitverantwortung* setzt, fordert eine entsprechende *Mitsprache*. Noch einmal Lange:

> Es kann zu diesem selbständigen Urteil, zum situationsgerechten Sehen, Urteilen und Handeln im Glauben nur so kommen, dass die Gemeinde selbst an dem Übersetzungsvorgang zwischen Glaubenstradition und Situation beteiligt wird, und zwar in wachsendem Masse.[75]

Langes Plädoyer für ein anderes Gemeindebild schliesst mit einer resignierten Analyse der bestehenden theologischen Hemmungen, zu erlauben, dass sich die Gemeinde an der Übersetzung beteiligen. Das dunkle Wort von Ernst

---

[72] Peter Krusche, Braunschweig 1967, abrufbar unter: http://mitredner.wordpress. com/ 2012/05/06/morphologischer-fundamentalismus (31.07.2015).

[73] Vgl. Ernst Lange, Ein anderes Gemeindebild. Erwägungen zum Problem ‹Kirche und Gesellschaft›, in: ders., Kirche für die Welt. Aufsätze zur Theorie kirchlichen Handelns, München/Gelnhausen 1981, 177–194.

[74] A. a. O., 187.

[75] A. a. O., 188.

Lange, es müsse zuerst eine Generation sterben, bevor sich etwas in der Kirche bewege, und dann sei es wohl zu spät, bewahrheitete sich für Kritiker des Systems darin, dass die parochiale Struktur bis dato das dominante Strukturmodell der evangelischen Landeskirchen geblieben ist.[76]

4.4.5 Neue Gemeinden in alten Strukturen

Spannend ist der Hintergrund von Ernst Langes Überlegungen. Es war ein Experiment. Er stellte sie an vor dem Hintergrund der «Ladenkirche» – einer Gemeinde, die sich in einem ehemaligen Kolonialwarenladen am Brunsbütteler Damm in Berlin-Spandau traf – eine Form, die alles andere als ein Ladenhüter ist. Sie war eine *Fresh expression of Church*. Das Exempel ist darum mehr als eine Erwähnung wert. Es bewahrt u. a. auch vor dem Missverständnis, dass die Loslösung von einer parochialen Struktur zwingend mit der Ablösung von der Idee einer Ortsgemeinde verknüpft sein müsse. Überblickt man die gegenwärtige Szene der Gemeindegründungen, bin ich versucht zu sagen: Eher ist das Gegenteil der Fall. Dort, wo neue Gemeinden entstehen, ist solidarische Nähe und Nachbarschaft mit einem Ort (Quartier oder Dorf) oft ein wichtiger Vitalitätsfaktor.

Damit springen wir in die Gegenwart und überspringen einige Phasen der Kirchenreformdebatte in Deutschland und der Schweiz. Mein Fokus richtet sich auf die Wertschätzung der Vielfalt, die sich mit dem Interesse und der Faszination an der Bewegung der fxC in der Church of England verbindet.[77] Viele werden ermutigt und schöpfen wieder Hoffnung, weil sie Erneuerung sehen. Das gegenwärtige Interesse an den fxC ist auch aufgrund des Erfolgs durchaus nachvollziehbar. Die neuesten statistischen Zahlen der Church Army Research Unity belegen es.[78] In 10 von 42 Diözesen der Church of England wurden Erhebungen durchgeführt. Mittlerweile sind 15 % der Ge-

---

[76] In Aufnahme von Johannes Hoekendijks Formel des «Barmen-Traumas» schliesst Lange: Aus dem Widerstand im Kirchenkampf wurde nach dem Krieg die ideologische Weigerung, sich mit dem Geist der Zeit auseinanderzusetzen. Solange die Situationsbestimmung der Kirche als «zweite Offenbarungsquelle» denunziert werde, könne es in der Kirche keinen Wandel geben (a. a. O., 192).

[77] Für diesen Abschnitt vgl. Sabrina Müller, Fresh expressions of Church, in: Kunz/Schlag (Hg.), Handbuch für Kirchen- und Gemeindeentwicklung, 450–458. Von Sabrina Müller wird im Frühjahr 2016 eine Monographie zum Thema erscheinen. Vgl. auch http://www.freshexpressions.ch

[78] Die Church Army wurde 1882 von Pfarrer Wilson Carlile gegründet. Sie bildete «Evangelisten» aus, welche unter den Armen, Obdachlosen und Kriminellen diakonisch tätig waren. Seit 1997 erforscht und unterstützt die Church Army neue ekklesiale Gemeinschaften. Die Church Army's Research Unit wird von Canon Dr. George Lings geleitet.

meinden in diesen Diözesen fxC-Gemeinden. Seit 2004 werden fxC von der Church of England als eigenständige Gemeinden anerkannt und gefördert, obwohl dadurch bestehende parochiale Strukturen gelockert werden mussten. Ob sich die Bewegung so erfolgreich hätte etablieren können, wenn sie sich «*Wild* expressions of Church» genannt hätte, ist zu bezweifeln. Das Frische scheint etwas weniger gefährlich als das Wilde. Die Bezeichnung entstand im Zuge der Erarbeitung des «Mission-Shaped Church Report»[79] und ist seither für die nicht-parochial strukturierten Gemeinden in der Church of England in Verwendung. Der Begriff sollte nicht polarisieren und durch die Anlehnung an den Begriff «afresh» aus dem Ordinationsgelübde der Church of England eine Brückenfunktion übernehmen zwischen dem «neuen Missionskontext» und den Traditionen der Church of England. Der Name ist zweifellos eine glückliche Wahl.[80] Es entbehrt nicht einer gewissen Ironie, dass sich die fxC aufgrund einer inflationären Verwendung des Begriffs gezwungen sahen, eine klare Definition zu geben.[81]

4.4.6 Fascinosum et tremendum

Was fasziniert an dieser Bewegung? Was macht Mut? Zum einen scheint in England zu funktionieren, was hierzulande im Zusammenhang der Milieudiskussion gefordert wurde: die Öffnung für Lebenswelten, die die Kirche mit der Auftragserfüllung der Ortsgemeinde nicht mehr oder nur schwer erreicht.[82] Initiativen wie «Kirche hoch zwei» beziehen sich explizit auf das englische Vorbild.[83] Das kreative Element zeigt sich u. a. in der Offenheit für neue Predigt-und Gottesdienstformen.

Auffällig ist auch das Interesse des Greifswalder Instituts zur Erforschung von Evangelisation. Das Zentrum ist eines der Kompetenzzentren, das die EKD gründete, um einen neuen Anlauf für die Erneuerung der Kirche zu

---

[79] Vgl. Graham Cray, Mission-Shaped Church. Church Planting and Fresh Expressions of Church in a Changing Context, London 2004.

[80] A. a. O., 34.

[81] Alan Smith u. a. (Hg.), Fresh Expressions in the Mission of the Church. Report of an Anglican-Methodist Working Party, London 2012, 38: «A fresh expression is a form of church for our changing culture, established primarily for the benefit of people who are not yet members of any church. It will come into being through principles of listening, service, incarnational mission and making disciples. It will have the potential to become a mature expression of church shaped by the gospel and the enduring marks of the Church and for its cultural context.»

[82] Vgl. Roland Diethelm/Matthias Krieg/Thomas Schlag, Lebenswelten. Modelle kirchlicher Zukunft, 2 Bde., Zürich 2012.

[83] Vgl. http://www.kirchehochzwei.de/cms/ (Zugriff 08.01.2015).

nehmen. Das Greifswalder Institut reagierte auf die kirchliche Situation Ost-deutschlands lange Zeit mit einem missionarischen Programm. In den neueren Publikationen hat sich der Ton geändert. Der 19. Band der Reihe «Beiträge zu Evangelisation und Gemeindeentwicklung» heisst bezeichnen-derweise «Alles auf Anfang». Der Titel ist Programm. Wenn alles weg ist, muss man neu anfangen. Nur so kann man auf die Herausforderungen einer nachkirchlichen Zeit antworten. Michael Herbst erläutert den Begriff im Vorwort:

> Gemeint ist ein gesellschaftliches Umfeld, in dem die Stabilität und Reichweite traditioneller kirchlicher Strukturen, die Resonanz auf christliche Glaubensinhalte und schon die Kenntnis solcher Inhalte rapide am Schwinden sind.[84]

In der missionarischen Situation verbinden sich drei Elemente: die Hoffnung auf das Anfängliche, die Kritik am Bestehenden und die Forderung einer lebensweltlichen Nähe. Unter dem sprechenden Titel «Allein auf weiter Flur» fragt beispielsweise Martin Kurz nach den Entwicklungen im ländlich-peri-pheren Raum und kommt zum Schluss, dass insbesondere in «perforierten Regionen im Osten» die parochiale Grundordnung nicht mehr länger auf-rechterhalten werden kann.[85] Er verknüpft die Analyse mit einem negativen theoretischen Exempel. Eine parochial fixierte Pastoraltheologie helfe in dieser Situation nicht weiter – sie setzt eine Pastoral voraus, die es so nicht mehr gibt. Hier hakt Anna-Konstanze Schröder nach. Sie folgert aus der desolaten Situation, dass für eine produktive Kirchenentwicklung eine mög-lichst grosse Vielfalt an Sozialformen geboten werden muss.

Wie soll das aber zugehen, wenn auf demselben Territorium neue und alte Gemeinden koexistieren? Hat nicht die «alte», wenn die neue «frisch» heisst, von vornherein ein ältliches Image und einen abgestandenen Geschmack? Wenn es nicht zu einem Hin und Her zwischen frischen Gemeinden und der alten Kirche kommt, ist damit zu rechnen, dass einige dieser Gemeinden aus der Kirche herauswachsen oder sich in eine Richtung entwickeln, die nicht mehr mit den Grundsätzen einer evangelischen Kirche vereinbar sind. Zu diesen Grundsätzen gehört beispielsweise, dass alle eingeladen sind, am Gemeindeleben zu partizipieren. Wo und wie wird die *freiheitsgarantierende Einheit* und die *einheitsgarantierende Freiheit* der Kirche kommuniziert?

---

[84] Michael Herbst, Vorwort, in: Matthias Clausen/Michael Herbst/Thomas Schlegel (Hg.), Alles auf Anfang. Missionarische Impulse für Kirche in nachkirchlicher Zeit (Beiträge zu Evangelisation und Gemeindeentwicklung 19), Neukirchen-Vluyn 2013, 1–7, hier 3.

[85] Martin Kurz, Allein auf weiter Flur, in: Clausen/Herbst/Schlegel (Hg.), Alles auf Anfang, 57.

Ohne erfahrbare und d. h. sichtbare und greifbare Einheit bleiben die fxC für die etablierten Gemeinde ein *fascinosum et tremendum*. Wenn sie sich auf dem Territorium einer alten Gemeinde (zu) erfolgreich entwickeln, ziehen sie Menschen an, die am anderen Ort vermisst werden. Sie schüren auch Ängste. Saugen sie letzte religiöse Kraft aus dem alten Körper der Ortskirche? Natürlich kann man die Befürchtungen und Hoffnungen, die in diesem Disput anklingen, auf kulturelle Differenzen und Präferenzen reduzieren, aber man hätte dann die tieferliegende Problematik verfehlt. Wer die fxC liebt, darf die Parochie nicht verachten und wer die Ortsgemeinde liebt, soll die fxC nicht fürchten. Es kommt darauf an, die Stärken und Schwächen der unterschiedlichen Strukturen offen zu diskutieren und klug zu kombinieren.

Hier liegen aus Sicht der Kirchenleitung die Herausforderungen einer *mixed-economy*-Strategie. Niemand, der die gelebte Vielfalt will, kann ein Interesse daran haben, die Ortsgemeinden aufzulösen. Denn paradoxerweise erzeugt gerade die lebensweltliche Ausdifferenzierung in Nischen- und Spartengemeinden auch einen Uniformierungseffekt. Die neuen Einheiten sind zwar weniger konform, wenn man sie an einer Norm misst, aber sie sind nach innen tendenziell homogener als eine Kirchengemeinde, in der sich verschiedene Ziel- und Stilgruppen zusammenraufen.

FxC können die traditionelle Gemeinde weder ersetzen noch gefährden. Vielmehr rücken sie aus einer anderen Warte deren grosse Chance ins Licht. Das «Gemeine» der Gemeinde entsteht durch das «Heilige», das an Christus sichtbar wird. Er gehört niemandem, weil er für alle gelebt und gestorben ist. Jesus Christus durchkreuzt jeden Versuch einer religiösen Bemächtigung. In der heiligen Allgemeinheit der Gemeinde ist darum die Saat einer Vielfalt enthalten und ein Öffentlichkeitsanspruch begründet, den eine exklusive Gruppe nicht einlösen kann. Wenn sie ihn beansprucht, lässt sich das Gemeine auf Splittergruppen ein. Es geht also immer auch um die Kirchenförmigkeit der Gemeinde und nicht nur um die passende Gemeindeförmigkeit der Kirche. Denn die Gemeinde Jesu ist Kirche Christi in der Welt. Sie ist kein Grüppchen weltabgewandter Schwärmer oder religiöser Tüftler, die in Geheimzirkeln an einer neuen Gesellschaftsordnung herumlaborieren. Zumindest nach dem Selbstverständnis der Kirche sind Christenmenschen Bürger und Bürgerinnen, die das Beste der Stadt suchen (Jer 29,7). Mit der Tendenz zur Absonderung ist zugleich die Gefahr einer Aussonderung im Auge zu behalten, die Menschen ausgrenzt. Die kollektive Fortsetzung des religiösen Individualismus in eine «Jeder-ein-Sonderfall»-Ekklesiologie macht die Kirche kein bisschen bunter.

Ist das ein Votum gegen den Wildwuchs? Das sei ferne! Man soll nur bei aller Begeisterung für Buntes und Besonderes jene Frische nicht vergessen, die durch eine gepflegte Diversität einer lebendigen Gemeinde im Blumengarten der Kirche entstehen kann. Wenn junge Rapper mit alten Bachfreunden, behinderten und nichtbehinderten Menschen, Kindern und Erwachsenen, Randständigen und bürgerlich Traditionellen feiern – wenn dieser bunte Haufen zusammen Abendmahl feiert, ist das echt wild!

5 Ermutigungen – oder Aufruf zum «Züri-Putsch»!

5.1 Was sollen *wir* tun?

5.1.1 Erinnerung an einen Kritiker der «Zürcher Schule»

Im Kapitel 3 (Erkundungen) tauchte immer wieder der Name Karl Barths als eines Kritikers der «Zürcher Schule» auf. Über Alexander Schweizer fällt er in einer grossartig einseitigen Abrechnung mit der Theologie des 19. Jahrhunderts das vernichtende Urteil, dieser habe sich in «schneidigster Modernität» in den Schatten Zwinglis und Calvins gestellt, um von dort her überlegen, unbekümmert und ungebunden die christlichen Angelegenheiten zu verwalten.[1] Alles Beunruhigende, alles Extreme oder Heteronome werde hier entsorgt. Bei Schweizer – und das ist wohl Barths gewichtigster Vorwurf – sei «der wohlverstandene Status quo das Mass aller Dinge».[2]

Was Barth dem Vermittlungstheologen mit beissender Ironie ins Buch geschrieben hat, sollten wir heute aufmerksam zur Kenntnis nehmen.

> Sind wir tapfere, unentwegte, immer energisch von Paganismus und Judaismus uns reinigende Protestanten, so ist alles gut; denn damit sind wir implicite auch Christen und religiöse Menschen überhaupt. Nicht ums Vorwärtskommen, sondern nur ums Weiterkommen kann es sich jetzt handeln, um die Frage, wie sich das Schifflein der protestantischen Kirche durch die erregten Wellen der Zeit, zwischen römischen Aberglauben und modernen Unglauben hindurch wieder ein bisschen steuern lasse. Extreme nun, extreme Gläubigkeit, sowohl wie extreme Ungläubigkeit, könnten bei diesem Geschäft nur stören.[3]

Barth schrieb diese Worte 1933! Ein Jahr später schmetterte er bekanntlich Emil Brunner sein «Nein!» entgegen (siehe 3.5.1). Als alles auf dem Spiel stand, blieb für Anknüpfung, natürliche Theologie oder Volksmission verständlicherweise kein Spielraum. Wenn Schweizer als Steuermann entlarvt wurde, der zwischen Skylla und Charybdis den protestantischen Mittekurs

---

[1] Karl Barth, Die protestantische Theologie im 19. Jahrhundert. Ihre Vorgeschichte und Geschichte, Zürich ⁴1981, 517.
[2] A. a. O., 521.
[3] Ebd.

suchte, wird Emil Brunner ein Jahr später als ein Schwärmer verunglimpft, der mit seinem missionarischen Gegenkurs die Kirche zu einem falschen Zeitpunkt in gefährliche Untiefen manövriere. Natürlich wird Barth mit seiner Kritik weder Schweizer noch Brunner gerecht! Mir liegt nicht an einem Urteil, wer wem gerecht wurde oder wer Recht hatte. Es geht damals wie heute darum, den Kairos zu erkennen und dann den Mut zu finden, *«um Gottes Willen etwas Tapferes zu tun».*

Das Zwingli-Wort ist das Motto für das letzte Kapitel und sozusagen der Schlussakkord der Studie.[4] Tut etwas Tapferes! Man höre daraus eine *Zumutung,* in der freilich auch ein *Zutrauen* in den Adressaten mitschwingen und mitklingen soll. Das Wort bewirkt, was es sagt: Es *ermutigt.* Für den Erfolg des Sprechakts ist das Vertrauen entscheidend, dass die Hörer in den Sprecher haben. Wer ist es, der so spricht? Kraft welcher Autorität sagt diese Stimme «um Gottes Willen»? Zwingli sprach 1529 mit dem Selbstbewusstsein eines Propheten.[5] Vielleicht ist es wenig ratsam, heute so zu sprechen, aber die Ermutigung, die Zwingli aus dem Hören auf die biblische Sendung schöpfte, sollten wir uns auch nach 500 Jahren nicht nehmen lassen. Im Schlussakkord sind – mit anderen Worten – die Zwischentöne der *Mission* hörbar. Dass viele bei diesem Wort nur Dissonanzen hören und mit leicht anderer Intonation «um Gottes Willen!» rufen, soll uns nicht abschrecken. Denn Mission ist Sendung und Sendung ist für die Gemeinde die Ermutigung, das zu tun, wozu sie enstanden ist.

«Nit fürchten ist der Harnisch!»[6] ist ein zweites berühmtes Zwinglizitat. Es ist etwas weniger heroisch als der Aufruf zur tapferen Tat und näher am biblischen «Fürchte Dich nicht!». Der Ruf hallt gleichsam durch die Bibel

---

[4] Es stammt aus einem Brief vom 16.6.1529, den Zwingli aus dem Lager bei Kappel geschrieben hat. Sicher taten die Zürcher damals etwas Tapferes. Strategisch war es allerdings ein Fehler. Zürich wurde geschlagen und Zwingli getötet. Oder war es am Ende doch göttliche Vorsehung? Die Reformierten mussten sich fortan arrangieren mit den Altgläubigen und schufen so die Grundlage einer friedlichen Koexistenz.

[5] Nach den Worten Karl Barths lässt sich «Zwinglis ganzes Christentum zusammenfassen» in diesem Satz. Barths Zusammenfassung der Zusammenfassung Zwinglis ist symptomatisch für sein ambivalentes Verhältnis zum Zürcher Reformator. Vgl. dazu Peter Winzeler, ‹Tut um Gottes Willen etwas Tapferes!›. Die Vorsehung bei Zwingli und Karl Barth, Habil. FU Berlin 1985, Einführung: 3–25. Siehe auch ders, Zwingli und Barth, in: Zwingliana 17/3-4 (1987), 298-314.

[6] Ein Zitat aus einer Predigt «Vom Hirten» an die Amtsleute in Zürich. Vgl. dazu Marco Hofheinz, *De munere prophetico* – Variationen reformierter Auslegung des prophetischen Amtes. Zur theologiegeschichtlichen Entwicklung eines dogmatischen Topos vor der «Lessingzeit» (von Zwingli bis Lampe), in: Marco Hofheinz u. a. (Hg.), Calvins Erbe. Die Wirkungsgeschichte Johannes Calvins, Göttingen 2011 (Reformed Historical Theology 9), 117–171.

wie ein Cantus firmus, der die Sendung begleitet. Was im Akkord der Mission gehört wird, heisst einmal: «Wach auf, der du schläfst, und steh auf von den Toten!» (Eph 5,14), «Du wirst ein Segen sein!» (Gen 12,2) oder: «Komm und folge mir!» (Mk 10,21). Was ich nicht höre: die Idee, *wir* müssten Seelen vor der Hölle und die Welt vor dem Untergang retten oder – noch beängstigender – *wir* müssten die Kirche retten, damit am Ende Gott nicht unter die Räder komme. So klingt Sendungsbewusstsein furchtbar schief – eine Dissonanz von Vermessenheit und Kleinglaube!

Darum ist es so wichtig, *was* am Ende kommt. Christen erhoffen und erbitten es: «Dein Reich komme; dein Wille geschehe.» (Mt 6,10) Das Ende, das die Gemeinde erbittet, ist jetzt schon der Anfang der neuen Welt. Darum ist so wichtig zu wissen, *wer* letzten Endes sendet. Christinnen und Christen erkennen ihn und rufen zu ihm. Daran hat Karl Barth erinnert. Deshalb hat der Basler am Ende dieser Zürcher Studie das Wort. Seine Ermutigung ist eine Zumutung, weil sie Gott als Kontrapunkt und Kontrast zu unserer Rettungsnot stark macht. Wie radikal dieser Ansatz ist, kommt prägnant zum Ausdruck in einer Rede, die Barth kurz nach dem Ersten Weltkrieg vor einer Schar entmutigter Pfarrer an der Versammlung der «Freunde der Christlichen Welt» auf der Elgersburg bei Leipzig im Oktober 1922 hielt.

Die Stimmung in Deutschland war am Boden, die Lage der Nation und der Kirche nach der Niederlage schlichtweg desolat. In diese Situation hinein spricht Barth. Seine Rede sollte Geschichte machen. Ihr Titel «Das Wort Gottes als Aufgabe der Theologie»[7] wurde zum Programm der theologischen Erneuerung. Interessanterweise verschärfte Barth die Krise. Statt zu trösten und Dinge aufzulisten, die man tun müsse, forderte er einen Perspektivenwechsel. Eben darin erkannte er auch die Aufgabe der Theologie. Sie soll nicht beruhigen, sondern beunruhigen, indem sie auf die Ursache der Unruhe zu sprechen kommt: Gott. Theologie hat bei Barth also eine ganz andere Aufgabe als bei Alexander Schweizer. Wenn Schweizer die Theologie dadurch herausgefordert sieht, mündige Christen dabei zu unterstützen, sich dem Zwang eines autoritären Dogmensystems zu entziehen, beginnt Barth mit dem Eingeständnis, dass sich die Theologie ihrer eigentlichen Aufgabe entzieht, wenn sie nicht von Gott redet. Das soll sie tun, aber weil sie es im Grunde nicht kann, muss sie an dieser – ihrer Kernaufgabe – unweigerlich scheitern:

---

7   Vgl. dazu die kurze Einführung in: Albrecht Beutel, Homiletisches Lesebuch, Tübingen 1989, 39f. Barths Vortrag ist dort auch abgedruckt, 42–58.

Wir sollen als Theologen von Gott reden. Wir sind aber Menschen und können als solche nicht von Gott reden. Wir sollen Beides, unser Sollen und unser Nicht-können, wissen und eben damit Gott die Ehre geben.[8]

Warum zitiere ich Barth? Weil in dieser Dialektik exakt die Zwischentöne zu vernehmen sind, die auch für den Aufbau der Gemeinde im Umbau der Kirche gehört werden sollten. Wir sollen Gemeinde aufbauen. Wir sind aber Menschen und können die Gemeinde Gottes nicht aufbauen. Wir sollen beides, unser Sollen und unser Nicht-Können, wissen und eben damit Gott die Ehre geben. Was ist an dieser Dialektik ermutigend?

Das Ziel, Gott die Ehre zu geben, bewahrt vor der Illusion, man könne das «Schifflein der protestantischen Kirche» durch Aberglauben und Unglauben hindurch ein bisschen steuern. Es ist unmöglich. Und das ist so entlastend, dass man es trotzdem zu tun wagt! Die Dialektik ist «der Purzel-baum einer grundstürzenden Erkenntnis» (Eleazar Benyoëtz). Was wir nicht können, müssen wir nicht tun und sollen es auch nicht an Personen oder Instanzen delegieren, die es für uns richten. Kein charismatischer Pfarrer und kein smartes Buch, keine Supergemeinde und keine Erweckungsbewegung, keine ausgeklügelten Methoden und keine Stossgebete – nichts und niemand kann die Kirche auf Kurs halten. So zu glauben, ist mutig und dann zu handeln, tapfer.

Wie steuert Gott die Kirche? Die Dogmatik kennt die Wendung der *gubernatio dei*.[9] Glauben heisst, sich der göttlichen Regierung anzuvertrauen, den sicheren Hafen des Nichtstuns zu verlassen, sich zu bewegen und auf Fahrt zu gehen – «behütet und getröstet wunderbar» (Dietrich Bonhoeffer). Die Metaphorik der Schifffahrt prägt bis heute die Vorstellung von guter *Governance*. Der *gubernator*[10] ist der Steuermann und *Kybernetik* heisst die Kunst des Steuerns. Die Steuerung des Schiffs ist ein Bild fürs Regieren. Ein anderer Begriff, der mehr an den Bildzusammenhang von Wanderung denken lässt, ist der des Führers. Zehn Jahre nach seiner Rede in Leipzig sollte der Aufruf, allein Gott die Ehre zu geben, politische Brisanz bekommen.

Gott die Ehre geben, heisst, sich von Gott den Kurs geben zu lassen! Die paradoxen Sätze intonieren demnach eine bestimmte Gestalt von Glaubens-mut: den Mut, sich führen zu lassen! Das ist weder kopfloses noch kalkulier-

---

[8] A. a. O., 43.

[9] Das ist neben der *conservatio mundi* und dem *concursus divinus* das dritte Moment der Lehre von der Providenz Gottes für die Schöpfung, die auch für die Kirche in Anspruch ge-nommen werden kann – denn die Kirche ist ein Geschöpf. Gott bewahrt (*conservari*) sie und läuft mit ihr (*concurrere*) d. h. begleitet sie, durch sein solidarisches Mittun und Mitleiden.

[10] Im Englischen *govern/governement* ist die Wurzel noch erkennbar.

tes Risiko – es ist das Wagnis des Vertrauens. Denn etwas zu tun, was man beherrscht, ist keine Kunst und einen Gott zu verteidigen, den man hat, braucht kein Vertrauen. Erst wer sich auf Gott verlässt, findet den Mut, «um Gottes Willen etwas Tapferes» zu wagen, Kurs zu halten und notfalls gegen den Strom zu steuern. Um es mit einem anderen prägnanten Satz Barths zu sagen: Der Glaubensmut baut darauf, dass das Reich Gottes «eine Revolution [ist], die *vor* allen Revolutionen ist, wie sie *vor* allem Bestehenden ist».[11]

5.1.2 Was sollen *wir* tun?

Eine Frage musste denjenigen, denen Barth seine Ermutigung in einer Zeit des Umbaus zumutete, zwangsläufig kommen. Barth erwartete sie und sagte am Ende seines Vortrags:

> Fast wage ich es nicht und wage es nun doch zu hoffen, dass Niemand nun komme und mich frage: Ja, was sollen wir denn tun?[12]

Barth verweigerte damals die Antwort. Für ihn lag in der Bedrängnis die Verheissung. Er habe darum keine Reformvorschläge, sagte er, weder für das Pfarramt noch für das Theologiestudium. Nur den Rat, das Eine, das nottut, das Wort Gottes als Aufgabe der Theologie, ernst zu nehmen. Das war provokativ und provozierte zur erneuten Nachfrage. Aber was sollen wir dann tun, nachdem wir um unser Sollen und Nicht-Können wissen und Gott die Ehre gegeben haben?

Darauf wieder die Antwort zu verweigern, können sich nur Schultheologen leisten. Man hat Barth und der Dialektischen Theologie diese Verweigerung denn auch übel genommen. Der Vorwurf lautet seither seitens der Praktischen Theologie, dass man mit Dialektik in der Praxis nicht wirklich über die Runden komme und (einige) Dogmatiker haben den Verdacht geäussert, die revolutionäre Gotteslehre sei wohl das Zerr- und Spiegelbild einer totalitären Fantasie oder – etwas milder – als Reflex auf die aufkommende nationalsozialistische Ideologie und den faschistischen Wahn historisch zu relativieren.[13] Die Kritiker werden Barth sicher nicht gerecht. Aber es geht nicht darum, wer Recht hat, sondern darum, wie wir den Mut finden, heute «um Gottes Willen etwas Tapferes zu tun».

---

[11] Karl Barth, Der Christ in der Gesellschaft. Eine Tambacher Rede, Würzburg 1920, 51.

[12] Barth, Wort Gottes, 57.

[13] Vgl. Friedrich Wilhelm Graf, Der Götze wackelt. Erste Überlegungen zu Barths Liberalismuskritik, in: ders., Der heilige Zeitgeist. Studien zur Ideengeschichte der protestantischen Ethik in der Weimarer Republik, Tübingen 2011, 425–446.

Darum ist die Erinnerung an die grundlegende Dialektik kirchlichen Handelns so praktisch. Sie spornt uns an, ein Tun anzustreben, dass der Krise des Nicht-Könnens nicht ausweicht. Es ist die Einladung zur Nachdenklichkeit oder, mit den Worten Friedrich Schleiermachers, das Anliegen einer besonnenen Kirchenleitung.[14] Das nimmt jedem Leitungshandeln zunächst einmal das Tempo. In dieser Studie habe ich deshalb «Tun» in zweifacher Hinsicht unterschieden: Es gilt, bei den vielen Dingen, die man tun kann, das Eine, das nottut, nicht zu vergessen (1.2) und es gilt, verschiedene Formen des Gemeindehandelns nicht zu vermengen (4.1.4). In den Ermittlungen zur lebendigen Gemeinde wurde eine dritte Unterscheidung wichtig: die Bestimmung der Subjekte des Handelns. Die Leitung der Gemeinde ist eine *Corporate Governance*.[15]

Das wirft noch einmal ein neues Licht auf Barths Formel. Er sagt sie ja zu Theologen. Sein «Wir» ist das «Wir» derjenigen, die in der reformatorischen Tradition ordinierte Diener des Wortes heissen. «Was sollen *wir* tun?» ist ihre Frage. Ich halte es für entscheidend, dass dieses «Wir» beherzt geweitet wird. Wenn der Gemeindeaufbau kein leeres Wort sein soll, ist das «Wir», das soll und nicht kann, beides weiss und Gott die Ehre gibt, immer (auch) das «Wir» der Gemeinde! Die Frage, was *die Gemeinde tun kann*, verschiebt auch die Bedeutung der Frage an die Theologen: Was sollen sie tun? Um Gottes willen alles, damit die Gemeinde aufsteht, es gerne wagt und «nach Arbeit fragt, wo welche ist».[16] So gehört und so gestellt wird die Frage, was können *wir* tun, republikanisch, insofern sie die mündige Bürgerschaft und die Verantwortung des Einzelnen für die Gemeinschaft der Heiligen betont.[17] So gehört ist der Schlusstakt ein Auftakt.

Ebenso wichtig finde ich es aber, auch die Entlastung des Nicht-Könnens für das Subjekt Gemeinde in Anspruch zu nehmen. Man darf der wunderbaren Ermutigung zum gemeinsamen Tun, die im Lied «Wir wolln uns gerne

---

[14] Friedrich D. E. Schleiermacher, Kurzen Darstellung, Scholz 1969, 101 (§ 263). Vgl. dazu Christoph Dinkel, Kirche gestalten – Schleiermachers Theorie des Kirchenregiments, Berlin/New York 1996, 102.

[15] Dazu ausführlicher Arne Manzeschke, Corporate Governance in der Diakonie: Empirische Beobachtungen und theoretische Überlegungen, in: Johannes Eurich/Alexander Brink (Hg.) Leadership in sozialen Organisationen, Wiesbaden 2009, Eurich 111–132, bes. 128f. Buch und Beitrag sind abrufbar unter: http://link.springer.com (17.04.2015)

[16] Siehe Anm. 18.

[17] Frei nach John Fitzgerald Kennedys berühmten Satz: «Frag nicht, was deine Kirche für dich tun kann. Frage, was du für Gott tun kannst.»

wagen» so schwungvoll gesungen wird,[18] in diesem Sinn und Geist eine wietere Strophe dazu dichten:

> Wir wolln uns gerne wagen, in unsern Tagen / der Hektik abzusagen, die's Ruhn vergisst. / Wir wolln nach Ruhe fragen, wo welche ist, / nicht an dem Amt verzagen, uns fröhlich plagen / und unsre Steine tragen aufs Baugerüst.

Wenn der Gemeindeaufbau Arbeit an einer geschenkten Identität ist, kann diese nicht hektisch oder aktivistisch geschehen. Sie muss erbeten und ersungen werden. Das, was sich einstellen soll, kann nur in der Gelassenheit des Vertrauens entstehen. Ich kenne kein biblisches Wort, das diese Haltung besser ins Licht rückt, als das Lieblingswort von Huldrych Zwingli.

> Kommt zu mir, all ihr Geplagten und Beladenen: Ich will euch erquicken. Nehmt mein Joch auf euch und lernt von mir, denn ich bin sanft und demütig; und ihr werdet Ruhe finden für eure Seele. Denn mein Joch drückt nicht, und meine Last ist leicht.[19]

Darauf kommt es an und das kann man «tun»: einen Habitus stiften, der durch die Praktiken des Glaubens geprägt wird, auf den Ruf hören lernt und so das Schiff, das sich Gemeinde nennt, wieder auf Kurs bringt. Die Förderung eines selbstbewussten «Gemeinde-Wirs» verbindet ein eminent emanzipatorisch-gemeindepädagogisches und ein geistliches Anliegen.[20] Denn es ist Gott (und nicht ein Pfarrer), der das Leben der mündigen und hörenden Gemeinde im Gebet, in der gegenseitigen Seelsorge, Diakonie und in der Predigt *bewahrt*, *begleitet* und *leitet*.

5.1.3 Anspruch und Zuspruch

Die entstehende Gemeinde in der bestehenden Kirche ist ein Gemeinschaftswerk. Was sie sich und anderen zuliebe tut, erlebt sie in der Vertikalen im

---

[18] Das Lied hat Graf Ludwig Zinzendorf anlässlich einer Trauung 1735 gedichtet. Die zitierte erste Strophe kam später dazu und hiess ursprünglich: «Ich will mich gerne wagen.» Aus dem «Ich» wurde ein «Ihr» und erst später das «Wir» der Gemeinde. Zur spannenden Geschichte des Liedes vgl. Andreas Marti: «Wir wolln uns gerne wagen» RG 811, in: Musik und Gottesdienst 67 (2013), 205–209. Der Artikel ist abrufbar unter: http://www.rkv.ch/files/zeitschrift/1305_Wir_wolln.pdf (17.04.2015).

[19] Der Heilandsruf Mt 11,28-30 ist ein Markenzeichen in Zwinglis Frühschriften. Auch Zinzendorf dichtet: «Wir sind in ihm zufrieden; was uns hienieden als Last von ihm beschieden, hat sein Gewicht; doch ist das Joch für jeden drauf eingericht'. Drum mag der Leib ermüden: wir gehn im Frieden, von Jesus ungeschieden, und sterben nicht.»

[20] Vgl. dazu auch Wolfgang Bittner, Kirche, das sind wir! Von der Betreuungs- zur Beteiligungskirche, Neukirchen-Vluyn 2003.

Gottesdienst und lebt sie in der Horizontalen des Alltags aus. Gemeinde ist darum zuerst eine (Gottes-)Dienstgemeinschaft. Es gibt keinen Grund, Dienstleistungen, die die Landeskirche gegenüber der Bevölkerung zu erbringen hat, kleinzureden. Man soll auch Mitgliedschaftsdefinitionen, die der Logik der Organisation Rechnung tragen, nicht denunzieren. Genauso wichtig ist es offenzulegen, dass Steuergelder, die der Kirche von der öffentlichen Hand zufliessen, in Form von Leistungen abgegolten werden.[21] Die Probleme beginnen mit der Vermengung der Kategorien. *Der Dienst der Gemeinde ist nicht mit den Dienstleistungen der Organisation zu verwechseln.* Diese Verwechslung halte ich für fatal. Man erkennt es am Sprachspiel! Wenn aus «Mitgliedern» «Kunden» werden, ist das verräterisch. Verraten wird die Idee der Korporation (4.1.4), auf die die *Corporate Identity* der Kirche aufbaut.

Ich verwende bewusst die ökonomische Terminologie. *Corporate Identity* ist die Grundlage der *Corporate Governance.* Es ist zwar ein Faktum, dass es in der Volkskirche die «Gutgläubigen» gibt, die am Gemeindeleben teilnehmen, und die «Gutmütigen», die die Kirche bei Gelegenheit in Anspruch nehmen und per Steuern mit ihrem Obolus zum Betrieb beitragen. Wenn man aber diese Mehrheit der Mitglieder in Distanz oder Halbdistanz zum Gemeindeleben als solche identifiziert, die sich holen, was sie bezahlt haben, oder die in Kauf nehmen, dass man sie schröpft, erklärt man sie zu *Konsumenten* oder *nützlichen Idioten.* Man traut ihnen einerseits nicht mehr viel zu – ausser einer latenten Austrittsneigung – und mutet ihnen nicht mehr zu als die Begleichung der Steuerrechnung. Noch problematischer als die Diffamierung ist die falsche Hochachtung, die sich darin ausdrückt, wenn diese Mehrheit als eine «Gemeinde» bezeichnet wird, die von der Kirche mit passenden Angeboten bedient werden solle. Dass das Evangelium in unterschiedlichen Lebenswelten kommuniziert werden soll, ist natürlich unbestritten. Aber die Erklärung, dass die «Kerngemeinde» nur für bestimmte Sorte von *homo religiosus* erträglich sei, ist eine Bankrotterklärung. Es ist jedenfalls nicht das Kerngeschäft der Kirche, den kirchenfernen Mitgliedern in einer gemeindefreien Zone «Angebote» zu machen. Denn wo nur Leistungen geboten oder konsumiert werden, entsteht keine Gemeinde. Die Gemeinde ist aber die Schar derjenigen, die für das Evangelium eintreten – oder sie ist nicht mehr Gemeinde.

---

[21] Im Kanton Zürich gekoppelt mit der sogenannten «negativen Zweckbindung». Die Gelder dürfen nur für «nicht-kultische Zwecke» verwendet werden. Vgl. Andreas Kley/Reto Feller, Die negative Zweckbindung von Kirchensteuern juristischer Personen 1, in: Schweizerisches Jahrbuch für Kirchenrecht, SJKR/ASDE 9 (2004), 73–82.

Ist das zu viel verlangt? Ist es gar ein frommer Wunsch? Welches Bild böte denn ein Staat, der seine Bürgerinnen und Bürger nicht mehr zur Wahrnehmung ihrer Bürgerpflichten aufriefe? Ich verwende bewusst die *politische Terminologie*. Zwar darf die staatsanaloge Organisation genauso wenig zum konstitutiven Strukturmoment der Gemeinde erklärt werden wie die gute und verantwortlichen Unternehmensführung und -kultur. Die Analogie aber macht auf Familienähnlichkeiten von Kirche und Demokratie aufmerksam. Die Idee der selbstgesteuerten und partizipierenden Gemeinschaft ist der evangelischen Kirchenmitgliedschaft eingeschrieben. Sie von dieser Idee abzulösen, wäre ein Bruch mit der Tradition und stünde im Widerspruch zum Selbstverständnis, wie es die Kirchenordnungen festhalten.

Sowohl die Aufforderung: «Mach mit und zahl nicht nur!» wie das Angebot: «Mach, was du willst, solange du zahlst!» gehen ins Leere. Man käme tatsächlich schnell ins Moralisieren, wenn man den Zuspruch zum eigenständigen Gemeindeleben ständig als Anspruch formulierte, und man geriete unversehens in einen Sog eines anspruchslosen Christentums, wenn man das Erbe der selbstverantworteten Mitgliedschaft gegen das Linsengericht einer religiösen Serviceleistung verhökerte.

5.1.4 Was wir tun können und wer wir sind

Wir wissen, dass die Idee einer hundertprozentigen Beteiligungskirche genauso illusionär ist wie die Umsetzung der Vollinklusion (4.4). Und es ist auch daran zu erinnern, dass es unterschiedliche kirchliche Orte, Leuchtfeuer und Veranstaltungen geben soll, die offen sind für alle. Aber im einen wie dem anderen Fall ist das kein Grund, den Anspruch der Gemeinde aufzugeben. Hier zeigt sich das unvermeidbare Dilemma jeder Institution, die auf einem freiwilligen Engagement basiert. Es ist eine Variation des Themas von Sollen und Nicht-Können für den Kontext des Gemeindehandelns. Konstruktiv und kritisch ausgedrückt: Die Gemeinde muss immer wieder – fröhlich und ernst, beharrlich und kreativ – daran erinnert werden, wer sie ist. Gemeindeaufbau ist Identitätsarbeit. Neu ist das nicht. Schon die Evangelien und die Briefe des Apostels ermutigen die Gemeinde, ihre Identität wahrzunehmen. Dort, wo harte Worte fallen, richten sich die Autoren an eine Leserschaft, die in Gefahr steht, wieder in ein sklavisches Bewusstsein zurückzufallen – gleichsam vom freien Bürgertum wieder ins Proletariat zu versinken (Röm 8,15).[22] Biblische Ermutigung ist zugleich Ermahnung; sie vereint den

---

[22] Was im Deutschen «Unternehmergeist» heisst, heisst im Englischen «entrepreneurship», im Französischen «entrepreneuriat» und hat u. a. auch die Bedeutung vom Dazwischentreten und Eintreten für eine Sache. Das *Entrepreneuriat* – leider ein Zungenbrecher! – ist das Ge-

Indikativ mit dem Imperativ. Zuspruch wird zur Zumutung und Zumutung wird Ermutigung, (wieder) das zu werden, was man (schon) ist: Erben des Reiches Gottes, Söhne und Töchter des Ewigen, Gemeinschaft der Seliggepriesenen.

Ein biblisch-theologischer Sammelname dafür ist «Volk Gottes». Gemeint sind die ursprünglich im Exodus vereinten Aufständischen, die Gott erwählt und berufen hat, sein Volk zu sein. Die Volksgenossen sind die Erben des Segens, den Gott Abraham und Sara gab, als sie in die Fremde aufbrachen.[23] Eine christologisch orientierte Lektüre der alten Segens- und Volksgeschichte liest daraus die messianische Verheissung des kommenden Königreichs, das in Jesus nahe herbei gekommen (Markusevangelium) ist und alle Völker in diese Segensgeschichte einschliesst. Um das Grundthema der Studie noch einmal zu intonieren: Das neue Volk, das *entsteht* aus allen Völkern, ist die eine heilige, apostolische und universale Kirche. Das ist die ökumenische – also weltweite – Gemeinde, die unter dem Regiment des sanften Königs lebt.[24] Darum vertraut sich die lokale Gemeinde seiner *gubernatio* an und darum heisst Jesus Christus (und nicht der Papst oder ein regionales Landeskirchenregiment) «Haupt der Kirche». Darum und nur darum heisst die Gemeinde heilig, nicht weil sie es der Substanz nach ist, sondern weil sie in der Heiligung aktualisiert, was Christus schon realisiert hat.[25] Wer Ohren hat zu hören, gehört zum Volk Gottes – wer Augen hat zu sehen, sieht die Gemeinden, die entstehen.

Die Frage, was *wir* tun sollen, korrespondiert also mit der Frage, wer wir in Wahrheit sind. Das ist der Erkenntnisgewinn aus der Beachtung der politischen Dimensionen der Kirche. Die Volksanalogie macht auf den religiösen Kern von Willensnation, Bundesrepublik oder Eidgenossenschaft aufmerk-

---

genstück zum Proletariat. In der Emergent Church Movement in den USA und Grossbritannien ist der unternehmerische Geist ein Kernelement der Bewegung. Vgl. dazu Gerardo Marti/Gladys Ganiel, The Deconstructed Church. Understanding Emerging Christianity, Oxford 2014, 195.

[23] Vgl. dazu Alexander Deeg, Leben auf der Grenze. Die Externität christlicher Identität und die Sprachgestalt kirchlicher Gottesrede, in: ders./Stefan Heuser/Arne Manzeschke (Hg.), Identität. Biblische und theologische Erkundungen, Göttingen 2007, 277–300.

[24] Das Wesen dieses Königtums ist alttestamentlich beschreibbar – etwa mit Psalm 103, der nach Erich Zenger, Psalmen-Auslegungen in zwei Bänden, Freiburg i. B./Basel/Wien, 2011, 413–421, als Hymnus auf JHWHs Königtum gelesen werden kann: «Der Psalm ist die Gottesbotschaft, die Israel ‹den Völkern› der Erde weitergeben soll.»

[25] Eine Formulierung von Joachim von Soosten, die sich auf Bonhoeffers Ekklesiologie in seiner Dissertation «Sanctorum Communio» bezieht. Vgl. Joachim von Soosten, Sanctorum Communio. Eine dogmatische Untersuchung zur Soziologie der Kirche. Dietrich Bonhoeffer Werke (DBW), Bd. 1, Gütersloh ²2005.

sam. Vice versa versteht sich auch die Kirchgenossenschaft als Bund – mit vergleichbaren Problemlagen. Wir sind hüben wie drüben «kein einig Volk von Brüdern».[26] Das ist nicht weiter tragisch, solange wir wissen, wer im Regiment sitzt.

Die Liebe wird uns leiten, den Weg bereiten / und mit den Augen deuten auf mancherlei, ob's etwa Zeit zu streiten, ob's Rasttag sei.[27]

5.2 *Was* wir tun können – wenn wir wissen, *wer* wir sind

5.2.1 Aufbauarbeit trotz Umbaustress

Natürlich lassen sich Veränderungen mit theologischen Impulsen allein nicht durchsetzen. Es ist dafür zu sorgen, dass das theologische Bewusstsein für die Bedeutung der entstehenden Gemeinde in der Kirchenpolitik umgesetzt wird. *Was* wir tun können, bezieht sich auf konkrete Probleme. Sie wollen gelöst werden. Was kann eine Ekklesiologie, wie sie diese Studie entwirft, eigentlich zur «besonnenen Kirchenleitung» beisteuern? Wie kommt man von der Einsicht zum Handeln? Der Zweck von theologischen Leitlinien für die konkrete kirchenpolitische Arbeit besteht darin, Kriterien ins Gespräch einzubringen, aus denen sich handlungsleitende Maximen ableiten lassen.

In diesem Sinne ist eine erste Leitthese zu formulieren: *Was* wir (nicht) tun können, wird uns dann klar, wenn wir wissen, *wer* wir sind. Diese Identität zu festigen (Bildung und Seelsorge), sie wieder in Erinnerung zu rufen (Gottesdienst) oder zu ihrer Gestaltwerdung aufzurufen (Mission und Diakonie) ist die erste und wichtigste Aufbauarbeit der Gemeinde. Also ist die Förderung des Gemeindebewusstseins Mittel und Ziel des Gemeindehandelns. Die Ordnung und die Organisation der Kirche folgen diesem Zweck. Wenn es richtig und theologisch angemessen ist, die Gemeinde als Subjekt der Kirche anzusprechen, muss das erste – wenn auch nicht das einzige – Ziel der Kirchenleitung sein, die Aufbauarbeit der Gemeinde zu fördern. Die zweite Leitthese dieser Studie formuliert das Postulat: Der anstehende Umbau der Kirche ist als Chance zu nutzen, Spielräume für die Entwicklung

---

[26] Dafür sorgten nicht nur die Schwestern! Aber man muss schon mit Taubheit geschlagen sein, um das Biblische, das auch im romantischen Volksbegriff mitklingt, nicht zu hören. Man höre nur den Rütlischwur nach Friedrich Schillers «Wilhelm Tell» (1804): «Wir wollen sein ein einig Volk von Brüdern, in keiner Not uns trennen und Gefahr. Wir wollen frei sein, wie die Väter waren, eher den Tod, als in der Knechtschaft leben. Wir wollen trauen auf den höchsten Gott und uns nicht fürchten vor der Macht der Menschen.»

[27] Gesangbuch der Evangelisch-reformierten Kirchen der deutschsprachigen Schweiz (RG), 811,2.

neuer Gemeinden und Stärkung alter Gemeinde zu entdecken und optimal auszufüllen (3.8.2).

Wer in den Niederungen (oder Höhen) der kirchlichen Entscheidungsinstanzen sitzt, fragt nun erst recht und berechtigterweise, wie man das anstellt. Es ist schon viel gewonnen, wenn nicht gefragt wird, wen man dafür einstellt. Ich möchte der Forderung nach Konkretheit nachkommen, indem ich versuche die Relevanz der Gemeindetheologie für die Entwicklung der Kirche in der Region zu entfalten (s. u. 5.3). Zuvor ist aber daran zu erinnern, *wer* die *Umsetzung* von Massnahmen – sei es die Fusion von zwei Gemeinden oder die Initiierung einer Profilgemeinde – in der Realität zu leisten hat. Es sind diejenigen Gremien, denen auch die *Umsetzung der Übersetzung* des Evangeliums in der realen Lebenswelt anvertraut ist. Dieser Zusammenhang bietet Chancen wie Stolpersteine für Reformprozesse.

5.2.2 Selbststeuerung und Selbstlähmung

Kirchliches Leitungshandeln ist dem evangelischen Verständnis nach nicht ein fremdes Werk, das von Technikern und professionellen Helfern erledigt werden könnte. Mögen auch gewisse Praktiken in allen vergleichbaren Non-Profit-Organisationen dieselben sein und mögen die Dienste entsprechend ausgebildeter Prozesshelferinnen auch in der Kirche willkommen sein – für die Umsetzung einer Kirchenreform gilt der Grundsatz der Selbststeuerung: Die Zielvorgaben, die Methoden und der Prozess der Zielerreichung sind darum aus den Prinzipien des Gemeindeaufbaus abzuleiten. Um es mit einer Analogie zu sagen: Schulreformen dienen der Förderung des schulischen Auftrags und Armeereformen haben das Ziel, die Erfüllung des militärischen Auftrags zu optimieren. Stehen Reformen an, verlangt ein Milizsystem, dass alle Akteure bereit sind, Veränderungen mitzutragen und neue Handlungsabläufe einzuüben.

Wenn Kirche da entsteht, wo Menschen zusammenkommen, um zu beten und das Gerechte zu tun, und wenn der Ort, an dem und durch den dies geschieht «Gemeinde» heisst, ist der Gemeindeaufbau der Auftrag der Kirche und das Ziel der Kirchenreform die Förderung der Kirche. Sowohl die Umsetzung als auch die Übersetzung in die Logik der Reorganisation verlangt demnach theologische Expertise – und es braucht analog zur Volksarmee und Volksschule auch in der Volkskirche zugleich den Willen und die Bereitschaft *aller Akteure*, Änderungen mitzutragen und neue Handlungsabläufe einzuüben.

Wenn Gemeinden Subjekte werden sollen, die Aufbauarbeit leisten, ist ein Bewusstseinswandel der Beteiligten damit verbunden. Prozesse, die einen solchen Wandel herbeiführen, müssen ein klares Ziel haben, welches auf verlässlichen Wegen erreicht werden kann. Es geht darum, dass die Leitenden alles tun, um die Selbstbewegung und Selbstverantwortung der Akteure gerade in einer Umbauphase zu erhöhen. Die Leitung hat dafür zu sorgen, dass die Gemeinden, die sich in einem Veränderungsprozess befinden, von anderen Aufgaben entlastet werden. Es müssen Mittel gesprochen werden, um den Reformprozess zu unterstützen und zu begleiten.

Wird dieses Programm aber – was meistens der Fall ist – mit einem Sparauftrag kombiniert, gleicht es bekanntlich der Quadratur des Kreises. Es droht eine Blockade durch divergierende Interessen. Die bestehenden Gemeinden setzen alle Hebel in Bewegung, um weiterhin zu funktionieren wie bisher und wehren sich gegen Neuerungen. Wenn die Synode den Spardruck erhöht, können Gemeinden erst recht nicht entlastet werden. Daraus entsteht ein Reformstau. Er ist paradoxerweise eine Konsequenz der landeskirchlichen Organisationsstruktur. Das Prinzip der Selbststeuerung der Gemeinde hat als Kehrseite das Risiko der Selbstlähmung.

5.2.3 Die Schlüsselrolle Regionalkirche

Das Vertrauen in die gottgeleitete Selbststeuerung ist also nicht zu verwechseln mit Zweckoptimismus. Auf eine Fehleranalyse ist nicht zu verzichten. Wichtig ist es, nicht darin stecken zu bleiben. Nach einigen Jahren intensiver Beschäftigung mit der Thematik, bin ich zur Einsicht gekommen, dass wir Protestanten genau dazu neigen. Wir laufen zur Hochform auf, wenn es darum geht zu sagen, warum in der Kirche nichts geht. Wir wissen auch Bescheid darüber, wer schuld ist: die gesellschaftlichen Megatrends, die desinteressierten Gemeindeglieder, die verbohrten Kirchenleitungen, die ungläubigen Pfarrpersonen und die unfähigen Laienbehörden. In der Regel die anderen!

Das führt nicht weiter. Ich habe oben postuliert: Wer nach Spuren sucht, die zum Leben der Gemeinde führen, ermittelt *ressourcenorientiert* (4.2.2). Stärken werden entdeckt und erkannt und ihre Quelle identifiziert. Also soll auch die im Umbau begriffene Kirche danach fragen, *welche Ressourcen* sie hat, um Gemeinden *neu* entstehen zu lassen. Vielleicht ist es präziser, von einem Potenzial der regionalen Kirche zu sprechen. Warum hat sie eine Schlüsselrolle?

Die Region ist ekklesiologisch bezeichnenderweise unterbestimmt. Natürlich gibt es eine organisationsstrukturelle Zwischenebene in allen Landeskirchen der Schweiz oder Deutschlands. Man nennt sie Kapitel, Provinz, Distrikt oder Kirchenbezirk. Zwischen Gemeinde und Kirchenleitung sind auf dieser Zwischenebene Organisations-, Moderations- und Koordinations-aufgaben zu leisten, die sinnvollerweise weder in den Ortsgemeinden noch an anderen kirchlichen Orten geleistet werden. Zusammenschlüsse und Koope-rationen von bestehenden Gemeinden finden auf dieser mittleren Ebene der Region statt. Der Erfolg der beiden eingangs erwähnten Reformprojekte KirchgemeindePlus und Stadtverband hängt wesentlich davon ab, ob es gelingt, die Identität der Region bzw. Unterregion zu profilieren. Ihre Res-sourcen zur Gemeindebildung können aber nur abgerufen werden, wenn gleichzeitig ihre Handlungs- und Entscheidungskompetenz erhöht werden. Dazu braucht es das kirchenpolitische Zusammenspiel von Gemeinden und Kirchenleitung. Beide Seiten geben gleichsam Handlungs- und Steuerungs-macht an die «Mitte» ab.

Diese neue Ebene ist nämlich weder eine übergeordnete Ortsgemeinde noch ist sie ein Zweckverband von Gemeinden, die sich nolens volens zu-sammenraufen müssen. Das ist es, was auf der strukturellen Ebene getan werden kann: an dieser neuen Identität zu arbeiten. Wenn es nämlich nur auf eine billigere Variante der alten Organisation in neuem Gewand herausliefe, würde die Chance der Reform verpasst. Es würden Entscheidungskompe-tenzen verschoben, aber nichts verändert. Die Behauptung, dass der *regionale Gemeindeaufbau* tatsächlich eine potenzielle Ressource der Kirchenent-wicklung bedeutet, ist nun auch theologisch näher zu begründen.

5.3. Region als gemeinsamer Gestaltungsraum

5.3.1 Region als mittelgrosse Unbekannte

Die Erschliessung der Region als Gestaltungsraum kirchlichen Handelns knüpft in verschiedener Hinsicht an Überlegungen zur *mixed economy* an (4.) und ist u. a. inspiriert von Reflexionen und Erfahrungen des EKD-Zentrums für Mission in der Region (ZMiR).[28] Was zu den Chancen und Risiken der Mehrfachstrategie gesagt wurde, braucht nicht noch einmal wiederholt zu werden. Nur so viel: Wer neue Gemeindeformen fördern will, wird sich hüten, die Ortsgemeinde zu verachten. Weiter ist zu betonen, dass eine Stra-

---

[28] Das Folgende ist inspiriert von Hans-Hermann Pompe, Kirche in vielfacher Gestalt. Von der Notwendigkeit einer *mixed economy* in der evangelischen Kirche, Referat gehalten anläss-lich eines Studientages «Mut zu neuen Gemeindeformen» in Dortmund, 25.10.2014 (abruf-bar unter http://www.zmir.de) Pompe leitet das EKD-Zentrum für Mission in der Region. Die Homepage bietet wertvolle Impulse. Dabei sollen Unterschiede bezüglich der Kirchen-landschaft nicht übersehen werden. Pompe hat grössere «Regionen» im Blick. Ein grosser Kirchenbezirk in der EKD kann in der Schweiz einer kleinen Landeskirche entsprechen.

tegie der Diversität sowohl die Variabilität ästhetischer Präferenzen als auch unterschiedliche Sozialgestalten des Glaubens beachten muss. Es kommt darauf an, die Stärken und Schwächen der unterschiedlichen Ansätze religiöser Vergemeinschaftung klug zu vermitteln (4.4.6). Dazu ist ein Raum nötig. Gemäss Hans-Hermann Pompe bietet die Region

> [...] eine ideale Grösse, um lokale Präsenz und Attraktivität zu kombinieren. Regional können Milieus und Lebenswelten, Identitäten und Generationen erreicht werden. Sie ist ein Missionsraum, der Weite (Optionen) und Nähe (Präsenz) optimal verbindet.[29]

Pompe schildert hier freilich nicht die Realität. Er formuliert eher eine realistische Vision, die das Potenzial der Region ersehen lässt. Anstatt die eine gegen die andere Gemeindeform auszuspielen, gilt es, das Zusammenspiel zu üben. Die Region rückt also aus theologisch plausiblen und nachvollziehbaren Gründen als kirchlicher Handlungsraum in den Blick. Eine Problematik darf dabei nicht verschwiegen werden. Die Region ist eine mittelgrosse Unbekannte. Sie ist paradigmatisch *entstehende* Kirche.

Wenn danach gefragt wird, *was* die Region leistet, sehen wir Entscheidungswege in Mischgremien, die, rechtlich gesehen, nicht kollaborieren müssen und deren Glieder – wenn die Zusammenarbeit eigenen Interessen zuwiderläuft – wieder ausscheren können. Die Region ist auch in dieser Hinsicht eine sensible Zwischengrösse. Zusammenschlüsse können nicht erzwungen werden und die Bereitschaft zur Zusammenarbeit entsteht nicht von allein. Es braucht dazu Anreize und Anstösse.

Ein wesentlicher Anstoss kommt von der Kirchenleitung. Sie hat nicht nur ein Interesse an effizienteren Strukturen. Sie ermutigt und unterstützt die Regionen auch darin, Freiraum für neu entstehende Gemeinden zu schaffen. Ein Anreiz zur Zusammenarbeit könnte darin bestehen, dass nicht mehr alle dasselbe tun müssen, sondern jeder – in einem profilierten Sinne – das Seine tun darf. Um zu einer solchen gabenorientierten Kooperation zu kommen, ist die Arbeit an der Identität der Gemeinde eine Voraussetzung. Wer seine Gaben nicht kennt und die Gaben der anderen nicht schätzt, ist nicht bereit, Macht und Mittel abzugeben. Darum ist es für den Erfolg des Umbauprozesses entscheidend, ganz entschieden folgende Fragen zu stellen: *Wie gross* ist eine Region? *Wer* ist Region?

---

[29] Ebd.

5.3.2 Unterschiedliche regionale Identitäten: Chancen und Komplikationen

Es ist eine triviale Einsicht, dass ein Verband von Gemeinden noch keine regionale Kirche bildet. Zwischen einem vollständigen Zusammenschluss und der Kooperation von Gemeinden in einzelnen Teilbereichen gibt es diverse Grade und Variationen der Zusammenarbeit, die unterschiedliche Identitäten vorstellen lassen. Für die Arbeit an einer gemeinsamen regionalen Identität ist es daher wichtig, welches Ziel verfolgt wird, wenn Gemeinden intensiver als zuvor zusammenspannen. Geht es darum, die Erwachsenenbildung, die Diakonie und die Chorarbeit regional besser zu koordinieren? Soll in einer Talschaft, in einem Stadtteil oder in einem grösseren Bezirk die Kirchengemeinschaft gestärkt werden?

Die Chance der regionalen Identitätsentwicklung kann gerade darin gesehen werden, dass ein erweiterter und zugleich überschaubarer Raum erschlossen wird. Die «genetischen Schwächen der Parochie» – ihre Selbstgenügsamkeit, der Zwang zum Vollprogramm und die unzeitgemässe territorial definierte Zugehörigkeit[30] – können überwunden werden, ohne dass man ihre Stärken preisgeben muss:

- die Dynamik der Nähe durch nachbarschaftliche Verankerung,
- das symbolische Kapital der Kirchengebäude in den historischen Zentren,
- die hohe Akzeptanz in der Bevölkerung.

Die mittlere Grösse der Region hat das Potenzial, durch gegenseitige und wechselseitige Ergänzung von unterschiedlich profilierten Gemeindeformen die Stärken der Weite und Nähe zu kombinieren. Dieses Potenzial ist noch lange nicht ausgeschöpft. Zu Recht weist Hans-Hermann Pompe darauf hin, dass aber eine regionale Kirchenentwicklung keine rein strukturelle Angelegenheit sein kann.

> Erst wo die Region als gemeinsamer Aufbruch [...] entdeckt wird, kann Kirche in Vielfalt wachsen. Region als «mehrdimensionaler Gestaltungsraum» meint viel mehr als nur Territorium: Region umfasst auch gemeinsame Geschichte in Identität, ist Kommunikationsraum, virtueller Raum, Beziehungsgeflecht etc.[31]

---

[30] Ebert/Pompe, Handbuch Kirche und Regionalentwicklung, 128ff.

[31] A. a. O., 5. Vgl. dazu auch die Überlegungen des Teams des Zentrums für Mission in der Region, Region als mehrdimensionaler Gestaltungsraum. 37 Thesen zur Region, in: Daniel Hörsch/Hans-Hermann Pompe (Hg.), Region – Gestaltungsraum der Kirche. Begriffserklärungen, ekklesiologische Horizonte, Praxiserfahrungen, Leipzig 2012, 219–272.

Fragen, die sich auf der Ebene der Gemeinde stellen, sind also auch für die Region relevant. Um gemeinsam aufzubrechen, ist es nötig zu wissen, wer in der Regiokirche mit welchem Profil Gemeinde aufbaut, wer die Leitungsverantwortung für die Planung wahrnimmt und welche Entwicklungsziele verfolgt werden. Mit Blick auf entstehende Kleinstgemeinden, die quer zu den bestehenden Gemeinden das Beziehungsgeflecht im Kirchenmilieu erweitern, lassen sich weitere Chancen und Komplikationen der regionalen Kirchenentwicklung benennen.

5.3.3 Regulierung und Deregulierung

Identitätsarbeit an der Kirche in der Region ist in dieser erweiterten Perspektive in drei verschiedenen Aspekten zu differenzieren:

- mit Blick auf *die innerevangelische Ökumene* sind die Spannungen zwischen unterschiedlichen Frömmigkeitsstilen und theologischen Richtungen zu berücksichtigen;
- auf der *rechtlichen Ebene* sind Spannungen zu beachten, die auftreten, wenn neben die einheitliche Rechtsform der Gemeinde neue Rechtsformen treten;
- auf der *kulturellen Ebene* stellt sich die Frage nach einer Einheit, die der gepflegten Diversität religiöser Ausdrucksstile den Boden gibt.

Die Förderung einer vielfältigen Identität in der Region schliesst eine starke Einheit der Kirche nicht aus – sie setzt sie voraus. Wer B sagt – sprich *Fresh Expression* –, muss auch A sagen – sprich *of Church*.

Die Umsetzung einer *mixed economy* bildet in dieser Hinsicht einen kybernetische Knackpunkt für eine synodal verfasste Kirche mit kongregationalistischen Tendenzen. Wenn der Umbau der Kirche darauf hinausläuft, dass das Potenzial der Region für den Gemeindeaufbau genutzt werden soll, muss gleichzeitig reguliert und dereguliert werden. Es legt sich zunächst aus pragmatischen Gründen nahe, die beiden unbekannten Grössen – sowohl die neu entstehenden nicht-parochial organisierten Gemeinden als auch die entstehenden Regiokirchen – rechtlich zu definieren. Das ist tatsächlich ein Desiderat.[32] Um die Handlungsfreiheit der Gemeinde (und einzelner Gruppen) zu erhöhen, sind aber auch Deregulierungsschritte nötig.

---

[32] Vgl. dazu Hendrik Munsonius, Kirchenrechtliche Perspektiven, in: Kunz/Schlag, Handbuch für Gemeinde- und Kirchenentwicklung, 65–72. In der Church of England entwirft die sogenannte «Bishop's Order» eine 20-seitige Vereinbarung zwischen einer neuen Gruppe und einer lokalen Kirche, einer übergemeindlichen Kooperation oder der Diözese. Die

Zusammenschlüsse können nicht erzwungen werden. Positiv ausgedrückt, sollte die Bereitschaft zur Zusammenarbeit von der Erwartung getragen sein, dass nicht mehr alle dasselbe tun müssen, sondern jeder – in einem profilierten Sinne – das Seine tun darf. Das wiederum ist auch die Chance einer regional verstandenen Inklusion. Es können nicht alle Gemeinden jeden willkommen heissen, aber viele verschiedene Gemeinden könnten für mehr Menschen Heimat – oder mit der glücklichen Metapher von Jan Hendriks – *Herbergen* werden.[33] Die lebensweltliche Profilierung der Gemeinden kann die Lebensraumorientierung der Region stärken. Um zu einer solchen gabenorientierten Kooperation zu kommen, ist sowohl die Arbeit an der Identität der Gemeinde als auch der Region eine Voraussetzung.

Letztlich geht es darum, die *Mitte* der regionalen Ekklesia zu bestimmen, um die herum und von der her sich eine Region entwickeln lässt. Die Vertreter der Gemeinden, Behörden und Gremien versammeln sich dafür am Tisch der Leitung. Wenn die Region im vollgültigen Sinn Kirche ist, ist das Leiten nicht nur eine Frage der Koordination und klugen Planung, und der Tisch ist theologisch keine Tabula rasa. Es ist die Tischgemeinschaft mit demjenigen, der alle zum Gastmahl einlädt.[34] Es gibt ein eindrückliches Beispiel aus Frankreich für die Kraft dieses Ansatzes.

5.3.4 Abendmahlstisch als Mitte – ermutigendes Beispiel

Die Diözese von Poitiers musste aus Kostengründen umgebaut werden. Die Kirchenleitung tat, was man tun muss, um zu sparen: Sie legte Gemeinden zusammen. Schon bald zeigte sich, dass die Massnahme die Anonymisierung förderte. Philippe Bacq – Professor für biblische Theologie in Brüssel – beschreibt in einem Artikel mit dem sprechenden Titel «Für eine Erneuerung vom Ursprung her» die Problemlage wie folgt:

Approbationsbestimmungen umfassen Verantwortung, Rechte und Pflichten der Leiterschaft, Finanzen, Verantwortlichkeit und den Umgang mit Aussenstehenden.

[33] Jan Hendriks, Gemeinde als Herberge, Gütersloh 2001. Eine pastoraltheologische Weiterführung des Konzepts hat Ulrike Wagner-Rau, Auf der Schwelle. Das Pfarramt im Prozess des kirchlichen Wandels, Stuttgart 2009 versucht.

[34] So auch das Diakoniekonzept der evangelisch-reformierten Landeskirche des Kantons Zürich, Zürich 2012,9. Das Diakoniekonzept kann als pdf abgerufen werden unter: http://www.zh.ref.ch/a-z/organisation/kirchensynode/aktuell/geschaefte-der-kirchensynode/copy_of_diakoniekonzet-2012-der-evangelisch-reformierten-landeskirche-des-kantons-zuerich (Zugriff 08.07.15). Vgl. auch Frieder Furler, Diakonie – eine praktische Perspektive. Vom Wesensmerkmal zum sichtbaren Zeichen der Kirche, Zürich 2012.

Der offizielle Diskurs entfaltet ein Gemeinschaftsbild von Kirche, während in Wirklichkeit die Pfarrei wie eine Behörde für religiöse Angelegenheiten funktioniert. Sie «versorgt» mit Sakramenten, doch diese bauen die Kirche nicht als Gemeinschaft auf. [...] Diese Analyse erhellt gut die konkreten Schwierigkeiten vor Ort, die noch verstärkt werden durch den in vielen Diözesen in Gang gesetzten Prozess der Zusammenlegung von Pfarreien zu grösseren pastoralen Einheiten. Die Logik solcher Unternehmungen ist leicht zu verstehen: Manche Pfarreien stehen schon am Rand der Lähmung, sie können die zu ihrem Überleben notwendigen pastoralen Dienste aus eigener Kraft nicht mehr erbringen. Es spricht also alles dafür, sie zu grösseren Einheiten zusammenzufassen. Aber wenn diese Umgestaltung der Pfarreienlandschaft vor Ort nicht von einer Dynamik der Nähe begleitet wird, fördert sie nicht die Bildung christlicher Gemeinschaften [...]. Die pastoralen Einheiten sind ja zwangsläufig anonymer als die Ortspfarrei und dienen daher weniger dem Entstehen lebendiger und partizipativer Gemeinden.»[35]

Dem Erzbischof von Poitiers, Albert Rouet, gelang es zusammen mit einem Team, eine Reform der Diözese zu initiieren, die die Dynamik der Nähe mit dem Aufbau der regionalen Kirche verbindet Die Erneuerung basiert zum einen auf dem Vertrauen der Kirche in das eigene Volk. Immer wieder betont Rouet, wie wichtig es ist, die Menschen das Evangelium leben zu lassen. Von einer «Kultur des Rufens»[36] und einem «Stil des Evangeliums»[37] ist die Rede. Die Begleitung von Menschen, die Gemeinde leben, wurde zu einer Priorität, Bildung wurde immer wichtiger[38]:

Begleiten heisst auch Christen heranbilden, die durch ihre Lebensweise stilbildend wirken und die voller Verlangen danach sind, Netze des Evangeliums zu knüpfen, wo auch immer. [...] Damit stellt sich die Frage der Ausbildung der pastoralen Mitarbeiterinnen und Mitarbeiter in allen ihren Facetten. Es geht vor allem um die Kunst der Relecture des seelsorglichen Gesprächs [...] Die Aneignung dieser Kunst ist eine der grössten Herausforderungen für die Pastoral der Zukunft.[39]

In Poitiers ist deutlich zu sehen, dass es sich bei den Seelsorgeteams oder «Gemeinden der Nähe» um eigenständige Sozialgestalten handelt, die nicht

---

[35] Zitiert aus: Reinhard Feiter/Hadwig Müller (Hg.), Frei Geben. Pastoraltheologische Impulse aus Frankreich, Ostfildern 2013, 41...

[36] Reinhard Feiter/Hadwig Müller (Hg.), Was wird jetzt aus uns, Herr Bischof? Ermutigende Erfahrungen der Gemeindebildung in Poitiers, Ostfildern ⁴2011, 41.

[37] Feiter/Müller, Frei Geben, 54f.

[38] Feiter/Müller, Was wird jetzt aus uns, 48.

[39] A. a. O., 49.

wie Satelliten um den Priester kreisen.[40] Sie sind aber auch nicht «Kirche» für sich, sondern formieren sich um eine geistliche Mitte herum. In Poitiers wurde diese Mitte die Eucharistie. Sie wurde zur Quelle und zum Kraftort der Erneuerung. Entscheidend ist, dass die geistliche Zentrierung nicht mit der organisatorischen Zentralisierung verwechselt wird. In Poitiers hat die Sammlung in der Mitte der Region und die Sendung in die Lebenswelt dazu geführt, dass die Eucharistie neu entdeckt wurde. Kritisch meint der Bischof:

> Die Eucharistie wurde so sehr zu einem Element privater Frömmigkeit, dass ihre Aufgabe, die Kirche als Leib Christi zu erbauen, in Vergessenheit geriet. [...] Es war höchste Zeit, die österlichen Sakramente wieder zu Ehren zu bringen, den Ruf zur Nachfolge Christi wieder zu erneuern.[41]

Poitiers ist kein Beispiel im Sinne von *best practice* (4.1.4). Man kann dieses Beispiel nicht nachahmen. Der Hinweis auf die eucharistische Zentrierung der Region illustriert aber ein ekklesiologisches Prinzip, das sich auch die Reformierten zu Herzen nehmen können. Poitiers inspiriert.[42] Gleichgültig, wie gross eine Region ist – sie braucht eine geistliche, sichtbare und symbolische Mitte, damit sie Kirche werden kann. Diese Mitte bildet im Idealfall ein Kirchengebäude – sozusagen die Kathedrale – und auf jeden Fall das Abendmahl.

5.4 Erwartungen

Erwartungen sind die «Geburtswehen der Hoffnung», sagt Elezar Benyoëtz. Diese Studie soll darum mit einer Erwartung abschliessen. Ich erwarte keine Wunder – ich hoffe auf unternehmerische Gemeinden und Regionen. Es ist bedauerlich, dass in der sozialistischen Kapitalismuskritik ausgerechnet das Unternehmertum zum Inbegriff einer Geschäftstüchtigkeit wurde, die nur «private» Interessen verfolgt. Es ist schade, weil Gottes Geist frei und erfinderisch macht – abgesehen davon, dass man Unternehmen auch genossenschaftlich zum Erfolg führen kann. Ich bin überzeugt, dass Gemeinden mit

---

[40] Albert Rouet, Aufbruch zum Miteinander. Wie Kirche wieder dialogfähig wird, Freiburg i. Br. 2012, 160: «Die Priester sind jetzt nicht mehr die einzigen, die ‹ihre› Laien führen. Erstes Ziel ist es nicht mehr, die Christinnen und Christen bei der Stange zu halten, damit die Kirchen nicht immer leerer werden. Ein neuer Elan ist zu spüren: Jetzt sind es die Laien, die aufbrechen, um auf Menschen in ihrer Umgebung zuzugehen, die sie ansprechen und einladen, die neue Beziehungen aufbauen und pflegen.»

[41] A. a. O., 157.

[42] Zum Beispiel Paul Zulehner, Wir sind Teil eines Anfangs. Von der Expertenkirche zu einer Kirche der Laien, in: Christiane Moldenhauer (Hg.), Stationen einer Reise. Beiträge zum zezhnjährigen Bestehen des IEEG, Greifswald 2015, 10-19, 18f.

unterschiedlichen Formaten Kräfte freisetzen können, um Menschen für das Reich Gottes zu mobilisieren. Darum glaube ich an die Kirche. *Credo ecclesiam* kann man ja auch so verstehen:

Ihr seid Gemeinde der Heiligen. Traut der Kraft des Glaubens zu, dass sie Gemeinschaft stiftet. Probt den Aufstand, der entsteht, wenn man dem Mainstream widersteht. Werdet Flusschristen, die gegen den Strom schwimmen, und werdet Protestanten. Empört euch über die Masslosigkeit der Ansprüche, die Verschwendung der Ressourcen und die Zerstörung der Lebensgrundlagen. Fügt euch nicht ins Schema dieser Welt, sondern lasst euch verwandeln durch die Erneuerung eures Sinnes, dass ihr zu prüfen vermögt, was der Wille Gottes ist: das Gute und Wohlgefällige und Vollkommene (Röm 12,2). Frei nach Zwingli: «Tut um Gottes Willen etwas Tapferes!»

Oder hört sich das zu sehr nach «Züri-Putsch» an?

Das Schlusswort soll ein Berner haben. Von Kurt Marti stammt ein schönes Gedicht über das Alter. Es spielt mit einem Bonmot von Charles de Gaulle, der meint, dass Alter sei ein Schiffbruch. Was sollen wir denn anderes sagen – angesichts des Faktums, dass wir am Ende alle sterben müssen?! Kurt Marti, Meister der verspielten Verdichtung, nimmt das fatalistische Wort und wendet es in Form einer rhetorischen Frage zur Gewissheit um. Man muss nur ein wenig umdenken, um zur Pointe zu kommen. Ich meine, sie gelte für jedes Schiff, das älter, ärmer und kleiner wird. Wenn die Kirche Schiffbruch erleidet, kann man frei nach Marti fragen: «[…] doch was / kann schlimm daran sein / wenn gott der / OZEAN ist / ?»[43]

---

[43] Aus dem Gedicht «ozean» von Kurt Marti: In: Kurt Marti, gott gerneklein. Gedichte, München 2006.